Jaime Xavier

CUIDA DE MIM MEU AMOR
JORNADA DA DESESPERANÇA

Copyright ©2019 by Jaime Xavier e Poligrafia Editora

Cuida de mim, meu amor
A jornada da desesperança

ISBN 978-85-67962-17-7

Autor: Jaime R.C. Xavier
Coordenação Editorial: Marlucy Lukianocenko
Capa: Pedro Siqueira Xavier
Diagramação: Beatriz Simão Oliveira
Revisão: Cida Rocha

Dados Internacionais de Catalogação na Publicação (CIP)
Agência Brasileira do ISBN - Bibliotecária Priscila Pena Machado CRB-7/6971

```
X3   Xavier, Jaime.
        Cuida de mim, meu amor : jornada da desesperança / Jaime
     Xavier. — São Paulo : Poligrafia, 2019.
        128 p. ; 21 cm.

        ISBN 978-85-67962-17-7

        1. Romance. 2. Literatura brasileira. I. Título.

                                                   CDD B869.3
```

Poligrafia Editora
www.poligrafiaeditora.com.br
E-mail: poligrafia@poligrafiaeditora.com.br
Rua Maceió, 43 – Cotia/ SP – CEP 06716-120
Fone 11 4243-1431 / 11 99159-2673

Posso escrever os versos mais tristes esta noite. Pensar que não a tenho. Sentir que já a perdi

Que importa se não pôde o meu amor guardá-la? A noite está estrelada e ela não está comigo

Porque em noites como esta a apertei nos meus braços minha alma se exaspera por havê-la perdido.

Pablo Neruda
20 Poemas de Amor e Uma Canção Desesperada

Hoje, nos resta muito pouco, antes que você se vá
Doce, inocente, indefesa

Hoje, nos resta muito pouco, antes que você se vá
Linda, delicada, pura

Hoje, nos resta muito pouco, antes que você se vá
Quieta, livre, calma

Hoje, nos resta muito pouco, antes que você se vá
Um beijo, um abraço, sua mão procurando a minha

Por que nos resta tão pouco,
Se tanto tínhamos pra viver?

Por que nos resta tão pouco,
Se tanto tínhamos pra amar?

Por que nos resta tão pouco,
Se tínhamos a eternidade?
Por que tão pouco?

Por quê? Por que, se ainda nos restando um pouco,
você já se foi?

Jaime Xavier
Jornada da Desesperança

Nota do Autor

Todos conhecem as palavras que dizem, que a vida de uma pessoa só estará completa, quando cumpridas três tarefas: plantar uma árvore, ter um filho e escrever um livro. Eu acrescentaria "viver um grande amor", como a quarta, indispensável, e certamente mais importante missão, a ser vivida por qualquer ser humano, durante sua existência.

Muito próximo de completar os 70 anos, tenho um filho, já plantei diversas árvores, e o amor da minha vida, permanece junto a mim, passados mais de 45 anos, no entanto falta-me realizar a última tarefa, que é escrever um livro.

Infelizmente este que decidi escrever, tem como tema, o lamento de alguém que vê, o ser mais amado da sua vida morrer lentamente, e aos poucos perder as suas funções, pela falência progressiva dos recursos do seu cérebro.

Utilizo-me portanto dessas palavras, para desabafar meus sentimentos tristes e sem perspectiva, em uma verdadeira catarse, por outro lado tentando contribuir para que, os que vivem ou venham a viver infortúnio semelhante, percebam que o único caminho a seguir, para suportar os dias difíceis que terão que viver, é o percorrido pelo amor.

Certamente estes pensamentos expressam, o que vivem milhares/milhões de pessoas em todo o mundo, na sua convivência, com um dos males mais destrutivos e deprimentes, que permeiam a nossa experiência pessoal, ao lado de pessoas queridas, que simplesmente "deixam de existir em vida".

Refiro-me aos maridos, esposas, filhos, filhas, parentes e amigos, que se tornam o principal suporte para os seus entes queridos, prisioneiros de doenças da mente, mais especificamente das perdas da memória cognitiva e do domínio de si próprios, e o quase sempre consequente "Mal de *Alzheimer*".

Ao escrever cada uma das linhas que estarão contidas nas páginas que se seguem, não tenho a pretensão de trazer qualquer esperança, a quem vivencie essa quase insuportável experiência, sabendo que, mesmo que se dedique com todas suas forças e recursos, nada deverá esperar.

O que desejo é falar da minha própria experiência de vida ou, melhor dizendo, de quase vida, vivida ao lado da minha mulher, a partir do momento em que ela foi diagnosticada com essa doença, e iniciamos juntos nossa viagem de sofrimento e tristeza, até o fim dos nossos dias.

No entanto, se isto puder contribuir de alguma forma, para trazer um pouco de conforto a pessoas, que se viram na condição de percorrer essa verdadeira "Jornada da Desesperança", terei conseguido atingir os objetivos a que me propus, ao escrever este livro.

Ele é, o grito que carrego preso no peito, desde que perdi minha mulher para esta terrível doença, e para que sem rodeios ou tentativas de mascarar a realidade, possa dar a conhecimento as batalhas, a serem travadas, nesta "guerra perdida", e contra a qual somos todos incapazes e impotentes.

Com muita tristeza...

Jaime Xavier

Sumário

2017 - Neste momento **13**

1971 - O encontro **17**

1971 a 1974 - O namoro **27**

1974 - O casamento **31**

1977 a 1984 - As transferências **37**

1977 a 1979 - Belém, amigos que fizemos e ainda temos **45**

1980 a 1982 - São Paulo, pouco ou nada para lembrar **47**

1983 a 1984 - Fortaleza foi o céu **51**

1985 a 2017 - Cidade maravilhosa **55**

2009 - Trauma em Nova York **63**

2010 a 2014 - A vida parecia voltar ao normal **69**

2012 - Ganhamos uma filha **73**

2014 - Os primeiros sintomas **77**

2015 a 2016 - O diagnóstico **83**

2016 - Cuidados e atenção redobrados **85**

2017 - Acidentes inesperados, agravam a situação **89**

2017 - Retorno ao Recife **95**

2018 - Primeiro ano no Recife **99**

2018 - Música como terapia **105**
2019 - Solidão acompanhada **107**
2019 - O que realmente importa **111**
Os sinais **113**
Dicas e cuidados práticos **117**
2019 - O final, até agora **125**

2017 – Neste momento

Minha mulher, Maria Cristina de Siqueira Xavier tem neste momento apenas 65 anos e está ao meu lado, na nossa cama. A televisão está ligada, embora para ela isso seja algo quase totalmente indiferente. Este no entanto, é praticamente o único "programa" que fazemos todos os dias após a saída da cuidadora, que a acompanha e atende em suas necessidades, para que eu tenha um pouco de descanso.

Tendo clara a gravidade, e a impossibilidade de qualquer reversão, do quadro vivido por Cristina já há cerca de 4 anos, retorno no tempo para contar um pouco do que foi a nossa história, e os momentos de felicidade que vivemos em nossos quase cinquenta anos, de amizade e cumplicidade, como pessoas que se amam.

Chegamos de volta ao Recife em abril de 2017, para onde decidi retornar depois de mais de 40 anos vivendo em outras capitais brasileiras, principalmente no Rio de Janeiro.

Nos conhecemos ainda muito jovens, ela com 19 anos, eu com 21, através de amigos comuns, há 46 anos. Namoramos e noivamos em apenas três anos, e somos casados já há mais de 43.

Construímos juntos nossa vida, e ela me acompanhou em todos os momentos bons e ruins, transferências por razões profissionais, viagens a trabalho e/ou a lazer, e mais recentemente problemas de saúde, em consequência de um "infarto", sofrido por mim em 2009.

Uma vida que a cada dia nos tornou mais cumplices, mais dependentes, e mais próximos um do outro.

Não desejo a ninguém viver o sofrimento e a dor, pelo qual hoje passamos eu, o Pedro nosso filho, e todos que a ela querem bem, ao sabermos que mesmo momentaneamente estabilizada, por força dos tratamentos e medicamentos que recebe, a doença de que sofre, não tem como ser curada.

Olho para minha mulher dormindo como um anjo, e vejo nela a "menina", que já foi, inocente, pura, alegre, falante, hoje sem conseguir se expressar claramente, apesar de ainda demonstrar algumas poucas reações, quando estimulada, pela convivência entre amigos, pela música ou pela dança.

Vejo nela a beleza que sempre teve, e a doçura com que sempre se comportou, pouco a pouco se esvaindo em apatia e tristeza.

Vejo os seus cabelos começando a embranquecer, e insisto em escondê-los, para que as marcas do tempo, não se somem as perdas da mente, e envelheçam também sua linda imagem. Embora pra mim, isso não tenha nenhuma importância.

Vejo o amor de toda a minha vida, suas mãozinhas delicadas, uma quase totalmente inutilizada, como reflexo de fraturas que sofreu, a outra sempre buscando a minha, como esperando que eu consiga protegê-la, e retirá-la do abismo em que se encontra.

Diante disso sofro, por perceber o quanto sou impotente e incapaz de socorrê-la, e por ter certeza, da minha absoluta impossibilidade, em trazê-la de volta à vida, da minha maior derrota como ser humano, e da afirmação patente da minha insignificância.

Resta-me apenas o consolo das lembranças, e é por elas que inicio esta narrativa, para que tudo o que vivemos de bom, e toda a felicidade que dividimos, durante mais de quarenta anos, a forma pela qual nos unimos para compartilharmos nossas alegrias e tristezas, nossas vitórias e derrotas, nossas aflições e nosso prazer, possa explicar, a força que ainda me resta, para suportar tudo por que passo, pensando sempre em manter-me em condições, para ampará-la e protegê-la.

Recorro, portanto, a minha memória, para trazer ao presente, a lembrança da primeira vez em que nos encontramos, do dia em que, pela primeira vez nos beijamos, do minuto em que pela primeira vez nos amamos, como homem e mulher.

    E é, por esses inesquecíveis momentos, que lhes dou a conhecer, a história das nossas vidas.

1971 – O encontro

O Recife é a nossa cidade de origem, e foi aqui que nos encontramos, e iniciamos nossa caminhada para a vida. Éramos ambos muito jovens em outubro de 1971, eu com vinte e um, ela com dezenove anos, quando pela primeira vez, por solicitação de um colega de trabalho, fui buscá-la em casa, para participarmos de um churrasco na fazenda de um outro amigo.

Maria Cristina, esse era o nome da amiga, que o Waldemir, namorado de Adalucia (amiga de Cristina), me pediu para buscar e acompanhar, até a fazenda do Zezinho (um amigo do Waldemir), para um churrasco promovido, com a participação do pessoal da Nestlé, onde trabalhávamos.

O endereço da casa na Av. Rosa e Silva, era bem próximo da rua do Cupim, onde eu morava. Assim, por volta das 10:00hs, lá estava eu em frente, esperando a Cristina. Era uma casa que já me havia chamado a atenção, pela quantidade de gente que por lá circulava, particularmente por serem em sua maioria moças, mesmo não tendo nenhuma ideia de quem era aquela família.

Surge então no portão, a mais encantadora visão, que já tive em minha vida. Uma garota linda, vestindo uma calça verde, com blusa branca e sandálias de tirinhas pretas e base de cortiça, e com os cabelos muito negros, presos por duas "maria chiquinhas". Tive a visão de um Anjo naquela manhã. Era Cristina!

Entrou no carro, apenas com um bom dia, sem me dar muita conversa, ou esboçar nenhum sorriso. Eu, certamente esperava mais! Mas ela quase me ignorou!

Seguimos então para a "Fazenda do Zezinho", trocando a "conversa mole" habitual nessas situações, que aconteceu assim:

Eu – puxa, você mora naquela casa. Passo vez por outra pela frente, e vejo um grande movimento.

Ela – é que minha família é bem grande, somos 6 irmãs e 1 irmão, e ainda tem um primo de Maceió que mora conosco, além do meu pai e da minha mãe e das empregadas.

Pausa interminável...

Eu (novamente) – o que você faz? estuda o que? trabalha em algum lugar?

Ela – não trabalho, passei este ano no vestibular de engenharia, e estou cursando a Poli (Escola Politécnica de Engenharia).

Silêncio sepulcral, só se escutava o motor da Kombi. E esse diabo de fazenda que não chega...

Eu (outra vez, tentando puxar assunto) – eu só trabalho, na Nestlé, entrei no início de março, e agora estou começando a viajar. Parei os estudos por isso (mentira deslavada. Parei porque estava de saco cheio com estudo, e tinha levado o maior "cacete" no vestibular que prestara).

Eu (continuando e ela muda) – de onde você

conhece o Waldemir, foi ele que me pediu pra buscar você. Na verdade, eu já sabia. Era só pra puxar conversa.

Ela (finalmente) – ele é namorado de Adalucia, minha amiga há muito tempo, e me convidou para ir ao churrasco. Como não tinha mais lugar no carro dele, ele pediu a você pra me buscar.

Eu (aproveitando a deixa, ousei) – isso mesmo, pra mim foi ótimo, pois tive a oportunidade de conhecer você...

Ela (indiferente, nem um sorriso) – tudo bem, tá certo.

Chegamos finalmente à Fazenda, onde nos separamos. Eu fui jogar futebol e ela encontrou com Adalucia e outras amigas, e foram pra piscina.

Terminada a pelada, caímos todos na piscina, para um mergulho antes do almoço e lá estava ela, agora em um biquíni preto, estampado com borboletinhas, magrinha, com um corpinho lindo...

"Foi morte súbita! arriei os pneus e nunca mais me recuperei do golpe, mas também a partir daí, não tive mais nenhuma vontade de me recuperar". Foi "primeiro amor", como nem no cinema jamais havia visto. Isso, vale destacar, do meu lado. Não sei e nunca procurei saber, de fato qual a reação que ela teve naquela ocasião. Não acho que tenha ignorado totalmente a minha presença. Mas fez um grande "charme".

Para mim, no entanto, ficou claro nessa hora, que havia encontrado, uma nova razão pra viver. Alguém de quem, desde aquela ocasião tive certeza, nunca mais me separaria ou separarei, a não ser quando nossas existências chegarem ao fim. O maior e eterno amor da minha vida. "Cristina, a minha Cristina".

Na volta o caminho já foi mais leve. Falamos sobre diversos assuntos e claro, não tive coragem de revelar, o sentimento que começava a me dominar, mas consegui uma forma de revê-la naquele mesmo dia.

Usando como desculpa, a solidão das noites em hotéis, durante as minhas viagens a trabalho, comentei que minha distração era a leitura de livros, e que estava procurando para ler o "O Lobo da Estepe", de Hermann Hess.

Isso não era mentira, pois sempre gostei muito de ler, e nas cidades do interior de Alagoas, Pernambuco e Paraíba que eu visitava, não havia nada pra fazer após o trabalho. A única diversão dos "viajantes", como éramos chamados, era jogar baralho ou dominó, ou ir ao cinema local assistir a algum filme velho. Mas isso nunca me atraiu.

Além disso nos quartos dos chamados "hotéis de viajantes", nem se imaginava ainda a existência de uma televisão, ou qualquer outro tipo de distração. Sequer se imaginava que um dia disporíamos dos celulares, do WhatsApp, dos games, os e-mails etc.

Assim, por sorte, coincidência ou coisa do destino, ela me disse que tinha o bendito livro em casa, e que me podia emprestar.

Aproveitei a deixa e de imediato, pra que ela não pudesse sequer pensar, lhe disse:

Eu – então quando chegarmos, tomo um banho, troco de roupa e volto pra buscar o livro em sua casa. Podemos também, se você quiser, dar uma saída e conversarmos um pouco.

Foi assim, com a esperança de prolongar nosso primeiro encontro naquela mesma noite, que me "empavonei" todo, meti o "pinho silvestre" (um perfume muito usado na época) pra cima, e acho que menos de meia hora depois de chegarmos, já estava batendo no portão, chamando por ela.

Ela veio me receber, trazendo o livro, mas sequer me chamou pra entrar. Acho que pra me maltratar o coração, e mais uma vez se fazer de difícil, abriu apenas uma parte do portão, e entregou o livro, me desejando boa viagem.

Só me restou então, agradecer e dizer que na volta da viagem, viria a casa dela para devolver o livro. Um "tudo bem", mais um mísero "tudo bem", encerrou nosso brevíssimo e por mim pretendido encontro, me deixando só na rua, "cheiroso que só filho de barbeiro" e vestido como se fosse a uma festa.

No dia seguinte viajei logo cedo, para cumprir o roteiro que devia percorrer (o chamado itinerário), que se iniciava em Maceió – AL. e finalizava em Campina Grande – PB, passando por diversas outras cidades do interior de Alagoas, Pernambuco e Paraíba. Era uma viagem longa, de aproximadamente 30 dias, na qual visitava médicos, hospitais, maternidades, creches e farmácias, divulgando e vendendo os produtos Nestlé.

Enquanto cumpria o meu roteiro de trabalho, muitas vezes viajando solitário, por longos percursos entre as cidades a ser visitadas, vez por outra lembrava da Cristina e me sentia feliz, imaginando o que aconteceria no meu retorno.

Nos meus sonhos de apaixonado, imaginava encontrá-la linda, ansiosa por minha chegada, e pronta para me beijar e abraçar. Em mim mesmo, no entanto, quando saia do transe do amor, percebia que estava sendo precipitado, e que precisava ter cuidado, para não sofrer uma enorme decepção.

Afinal, nada ainda havia indicado a maneira pela qual ela reagiria ao saber dos meus sentimentos. Pela lógica, não havia por que já esperar tanto. Mas ninguém consegue controlar as esperanças de um coração enamorado.

Mesmo assim, temendo o pior, mas ansioso por saber o que aconteceria, minha primeira providencia ao chegar de volta da viagem, foi ligar pra ela, e tentar combinar uma ida a sua casa, para devolver o livro.

Cheguei de volta ao Recife em uma quarta-feira, para participar das reuniões que teríamos na quinta e na sexta, me preparar e receber instruções, para voltar a viajar na segunda-feira seguinte.

Sem querer perder tempo, na própria quarta-feira à tarde, liguei para Cristina, para marcarmos a devolução do livro, dando-se então o que eu temia. Sem muita conversa, ela me informou que estava em época de provas, estudando, e se eu quisesse, poderia deixar o livro com a empregada.

"Foi um tiro no meu peito!". Fiquei totalmente desorientado, não pensava em outra coisa, senão vê-la. Não prestava atenção aos assuntos da reunião, a ponto do meu supervisor me chamar a atenção, quando em meu socorro veio novamente o nosso "cupido", José Waldemir Melo. Suas palavras soaram como música em meus ouvidos:

W – Jaime, no sábado, vai ter uma festa de "São João", na Fazenda. Você podia levar a Cristina.

Eu – Mas já tentei encontrar com ela, pra levar um livro que me emprestou, e ela me disse que tem provas e está estudando. Não quis nem que eu fosse devolver o livro.

W – Liga pra ela rapaz, vai desistir assim fácil? Tu num tá interessado na menina? Vou te contar um segredo. Ela disse a Ada (Adalucia, a namorada dele), que gostou de você.

Depois eu soube pela Cristina, que o Waldemir havia criado a história, de que ela tinha gostado de mim. Até hoje não sei a verdade, mas, mais uma vez agradeço ao meu amigo, pela maravilhosa mentira, que me fez subir às nuvens. Minha resposta foi então:

Eu – Tô muito (interessado). Então vou ligar novamente, e ver o que acontece.

E assim fiz, dei uma boa respirada, segurei a voz, controlei a emoção e disquei (os telefones da época ainda eram aqueles pretos com uma rodela no meio). Chama uma vez, duas, três, atendeu:

Eu – Por favor eu queria falar com a Cristina.
Alguém – Quem quer falar com ela?
Eu – É o Jaime, amigo do Waldemir da Nestlé (a voz quase me faltando)
Alguém – Um momento, vou chamar
E... tome demora...
E... tome demora...
E... tome demora...
E... finalmente ela atendeu

Ela – Oi, tudo bem

Eu – Tudo, tô te ligando pra saber, se você quer ir à festa de São João comigo, na Fazendo do Zezinho, neste sábado?

Ela – Não sei se vai dar, tenho que estudar, tô muito cheia de coisas pra fazer. Vou ter provas na semana que vem.

Eu – Mas a festa é no sábado. Você vai estudar no sábado, e ainda mais de noite?

C – Não sei, vou pensar, depois te falo

Eu – Vamos, queria muito que você fosse comigo. Assim poderíamos conversar um pouco mais, e nos conhecermos melhor.

Ela – Não sei, tô em dúvida. Tô preocupada com as provas.

Eu (insistindo mais uma vez) – Faz isso não, vamos comigo.

Ela – E você só vai se eu for, é?, dando uma pequena risada.

Eu – Só, sem você a festa pra mim não vai ter graça nenhuma.

A partir daí ela ficou calada, por um tempo que me pareceu a eternidade, mas consegui, do outro lado da linha, perceber um leve sorriso. Deduzi que ela sabia o que estava acontecendo comigo, e fazia "charme". Foi quando, mesmo morto de medo da resposta, resolvi apelar:

> *Eu – Tudo bem então, se você não quer ir comigo me diga logo. Se for isso, esqueço a festa e faço outra coisa, mas preciso que você me diga agora. Viajo o mês todo trabalhando, e não vou ficar em casa em um sábado, sem fazer nada. Vou ver se encontro outra pessoa que queira sair comigo.*

Mais que morto, eu estava apavorado, pensando que ela me daria um fora, mas tive a felicidade de escutar, vindo do outro lado da linha:

> *Ela – Não é isso menino, já ficou brabo foi? Você é assim é? Briga logo por qualquer coisa? Tá bom, tudo bem (sempre o tudo bem), vamos, eu vou com você.*

Fiquei exultante, não cabia em mim de felicidade. Disse ao Waldemir, que deu um sorriso como quem diz, "minha mentira deu certo", e disse:

> *W – Eu não falei a você? Vai em frente cara. Para de ter medo...*

A partir daí contei as horas, os minutos e os segundos, desejando que o tempo passasse o mais rápido possível, até que chegou o sábado, e eu estava lá para buscá-la. Dessa vez a nossa conversa no caminho da

Fazenda, já foi mais agradável. Será que ia mesmo dar certo?

Ao chegarmos à Festa de São João, eu estava com os nervos à flor da pele, suando frio e meio trêmulo. Na verdade, até aquela ocasião nunca acreditei, que pudesse vir a namorar uma menina tão linda, mas não perdi tempo, chamei a Cristina pra dançar, aliás uma coisa que nunca gostei de fazer, mas a causa era nobre. Forcei a natureza e fui dançar assim mesmo.

Finda a dança, não consegui mais me conter, segurei firme a sua mão e, a partir daí, nunca mais nos afastamos, em um amor que a todo dia mais me invadia, e me fazia feliz e, que comecei a perceber que ela também sentia.

Na volta, sempre segurando a sua mão, que só soltava para dirigir, já rolaram uns beijinhos de leve no rosto, e combinamos de nos encontrar no próprio domingo, depois de acordarmos.

Desde aquele dia, estarmos juntos tornou-se a condição mais natural para nós, e sentíamos grande falta, quando pelas razões normais de trabalho, estudos, viagens, etc., éramos forçados a ficar separados, mesmo que fosse apenas por algumas horas.

Nunca esqueço aqueles momentos, que conservo na memória, dentre os mais felizes e inesquecíveis da minha vida.

1971 a 1974 – O namoro

Desde o início do nosso namoro, sempre pensei em Cristina, como a mulher com quem eu construiria minha vida. Além de linda, era muito carinhosa, e olhávamos para o futuro com as mesmas expectativas e desejos. Ela, a partir do momento em que nos conhecemos, se transformou para mim, na mais pura expressão da felicidade.

Passei a pensar no trabalho, não mais simplesmente como uma busca de obter recursos, para atender a prazeres efêmeros e diversão, mas muito mais que isso, como meio para proporcionar o que houvesse de melhor, e trouxesse maior felicidade para aquela, que eu já amava de todo o coração.

Nos dávamos muito bem. E mesmo que vez por outra, surgisse uma briguinha, tudo sempre se encerrava em um retorno ainda mais apaixonado. Tínhamos gostos muito parecidos, e concordávamos em relação a vários aspectos. E, pra reforçar ainda mais esse início feliz de namoro, sua família me recebeu muito bem.

D. Maria e Dr. Vianna, particularmente foram muito acolhedores. Dr. Vianna conhecia bem meu tio Gaspar, apesar de não serem amigos, mas isso contribuiu para que logo nos tornássemos bem próximos.

Chegamos mesmo a desenvolver uma certa parceria, quando ele me elegeu, como redator dos pareceres jurídicos que ele ditava, a respeito dos casos que advogava, em que não economizava citações em latim.

Meu futuro sogro era uma figura muito doce, sempre alegre e bonachão, um pai muito amoroso com Cristina (as irmãs dizem até hoje que ela era a preferida dele), e costumava dizer que eu e ela, éramos "ré com cré".

D. Maria por outro lado, era o esteio da casa. Uma mulher altiva, inteligente, muito orgulhosa de suas origens familiares, trabalhadora e administradora exemplar, de uma prole tão numerosa (eram seis filhas e um filho, entre a adolescência e a juventude), inclusive no que dizia respeito a rigidez do controle das finanças. Além disso, nutria por Dr. Vianna um grande ciúme.

Isso gerou uma fortíssima influência em seus filhos. Em compensação, a eles não faltaram as melhores escolas, a melhor formação e os melhores cuidados em todos os sentidos.

Talvez transmitisse a imagem de uma pessoa "seca" e "fria", mas na verdade tinha um enorme coração, e se dedicava de corpo e alma, a promover o bem-estar da família.

Sempre a considerei como uma outra mãe, e procurei ajudá-la por todos os meios de que dispunha, nas ocasiões em que ela precisou de nós, no que fomos plenamente correspondidos nas ocasiões em que fomos nós, que necessitamos do seu apoio, tanto do ponto de vista emocional, quanto material.

Como já disse ficamos muito próximos, e logo cedo comecei a frequentar a casa, constantemente, fazendo parte da mesa de almoço ou jantar.

Minha mãe, por outro lado, era uma pessoa doce e delicada, totalmente desprendida de tudo o que era material, muito caridosa e capaz de deixar de ter para si, para dar a outros mais necessitados.

Adorava Cristina. Considerava que ela era a pessoa ideal, para me fazer feliz, e assumir a responsabilidade de uma família. E para ser a minha mulher para toda a vida.

A recíproca, por parte de Cristina era verdadeira. Ela tinha um enorme carinho por minha mãe, e constantemente me cobrava, para que ficássemos algum tempo com ela, conversando e ouvindo suas histórias e seus conselhos.

Continuamos assim, durante os dois anos seguintes, até que certo dia, recebi com muita satisfação, a informação de que iria parar de viajar e que seria transferido para a área de vendas, substituindo ao Waldemir, que havia sido contratado pelo Bompreço, já à época a maior rede de supermercados do Recife.

Na verdade, em uma ocasião anterior, eu já havia falado a respeito disso com o Sr. Raul, mas como na época ainda não havia a hipótese da saída do Waldemir para o Bompreço, ele me prometeu que me traria de volta ao Recife, assim que surgisse uma vaga. E foi o que aconteceu.

Eu e Cristina ficamos super felizes com a notícia, pois isso nos permitia antever um futuro, onde estaríamos juntos, não a cada fim de semana, mas todas as horas e dias das nossas vidas.

1974 – O casamento

Como disse, eu já havia parado de viajar, e voltado a trabalhar no Recife, justamente no lugar que ficara vago com a saída do Waldemir para o Bompreço.

Decidimos então, eu e Cristina, iniciar os preparativos para efetivamente, unirmos os nossos caminhos, para toda a vida, não sem antes cumprirmos o tradicional pedido de noivado.

Fiz isso em uma noite, em que reunimos nossas famílias na casa dela, e formalmente pedi respeitosamente ao Dr. Vianna e a D. Maria, sua mão em casamento, o que foi comemorado por todos os presentes com bolo e champanhe, naturalmente selando esse nosso compromisso, com a troca de alianças.

Já naquele momento, era muito forte a influência que ela tinha em todas as minhas decisões, e foi atendendo ao seu pedido que decidi comprar um pequeno apartamento, no 6o andar do Edifício Premiê, em Boa Viagem.

Esse prédio ainda existe, e todas as vezes em que passo por lá, lembro dos nossos primeiros tempos de amor, e de todos os momentos de enorme felicidade, que vivemos naquele lugar tão simples.

Quando ela está comigo também procuro fazer com que ela relembre aquele nosso primeiro lar. Ela sempre sorri, um sorriso muito doce, mas não sei se de fato, consegue buscar em sua memória, hoje tão sofrida, nossas lindas horas de carinho e amor. Espero sinceramente que isso aconteça.

Foi lá que, sempre juntos, começamos a tomar as providencias para montarmos nossa primeira casa, preparando-a para o nosso casamento, encomendando móveis, comprando os eletrodomésticos, providenciando as adaptações que desejávamos fazer etc.

Em uma noite chuvosa, no dia 06 de julho de 1974, na Igreja do Convento de São Francisco em Olinda, aconteceu nosso encontro definitivo. Foi ao som da deslumbrante "Bachianas n° V, de Villa Lobos", e da "Marcha Nupcial", que fomos recebidos, para em seguida, já no altar, de mãos dadas, escutarmos a inesquecível e emocionante, "Ave Maria de Gounod".

Cristina estava mais deslumbrante que nunca, em seu vestido de noiva, e me foi entregue por Dr. Vianna. Ao recebê-la e tocar-lhe as mãos, percebi um leve tremor e vi seus olhos marejados de lágrimas, como se me pedissem: "Cuida de mim, meu amor".

E Deus sabe o quanto eu sempre quis e quero atender a esse pedido!

Recebemos nossos amigos e convidados no pátio interno do Convento, pois a chuva já havia passado, apenas lhes oferecendo o tradicional bolo de noiva acompanhado de champanhe. Nossa vontade mesmo era a de curtirmos nossa primeira noite como marido e mulher.

Dali saímos então para morarmos provisoriamente, na "casa da praia", situada na rua dos Navegantes, em Boa Viagem, pertencente à família

Rosa Borges, que nos foi cedida por Baby e Geninha, até que o nosso apartamento fosse finalizado, o que aconteceu poucos meses depois. Todos os dias eu a levava para o trabalho, e no almoço ia buscá-la para irmos ou a um restaurante, ou à casa de nossos pais. No fim da tarde isso se repetia, mas desta feita íamos direto para as nossas faculdades.

Foi ainda enquanto estávamos na nossa moradia provisória, que em uma madrugada, recebemos a notícia da morte do pai de Cristina, atropelado por um automóvel, na Av. Conde da Boa Vista.

Foi um choque enorme para ela, que como eu já disse, tinha uma relação de muito bem querer com o Dr. Vianna e, por um bom tempo,

tive que consolá-la, pela enorme perda que sofreu.

Passado o tempo, a vida foi se normalizando, e voltando a transcorrer feliz, também por finalmente havermos nos mudado para o nosso apartamento onde, segundo as palavras de Graça, tia de Cristina, vivíamos um "conto de fadas, em uma casa de bonecas".

Certa ocasião, estávamos eu a Cristina, a minha mãe e D. Maria conversando (ainda hoje acho que a situação foi armada), e as três começaram uma história de ser bonito um homem bem preparado, formado etc.

Daí pra frente, deram exemplos de conhecidos e parentes que por terem se formado, conseguiram outras oportunidades na vida, ascendendo em suas carreiras e chegando a ocupar cargos importantes. De repente Cristina olha pra mim e diz:

> C – Puxa Jaime, você tão inteligente, agora que está trabalhando em Recife, por que não faz vestibular e volta a estudar pra se formar. Eu ajudo você em matemática, que sei que você não gosta.

Conclusão: mais uma dívida que a partir dali, contraí com as três mulheres mais importantes da minha vida. Cristina, minha mãe Lilia, e D. Maria, que me levaram a retornar aos estudos, e às quais jamais poderei pagar, a não ser honrando e enaltecendo eternamente, os seus nomes.

A partir dessa ocasião, retomei meus estudos, e no final do ano fiz vestibular, sendo aprovado para o curso de Administração da FESP (Fundação de Ensino Superior de Pernambuco).

Por sorte, a Faculdade da Cristina era vizinha a minha, e íamos e voltávamos juntos todos os dias para as aulas, depois que ela conseguiu se transferir para o turno da noite.

Nessa época, o Clementino, um amigo que há muito já não vejo, conseguiu pra ela um emprego como estagiária na CSN (Companhia Siderúrgica do Nordeste). Assim trabalhávamos durante o dia e estudávamos à noite.

Eu adorava estar sempre com ela, vivendo aquela situação, me sentindo responsável por tudo o que lhe dizia respeito, apesar de ficar um pouco incomodado e enciumado, vendo a Cristina em um ambiente onde praticamente só havia homens. Mas suportei como pude, tentando não atrapalhar o desenvolvimento dos seus estudos.

Chegávamos já tarde em casa, por volta das 22:00hs, para tomarmos um banho, jantarmos e nos recolhermos para descansar, mas nada nos importava além de estarmos juntos, no nosso cantinho, curtindo um ao outros. O nosso amor compensava qualquer cansaço ou sacrifício.

Normalmente, o nosso jantar em casa era, quase sempre composto por um hambúrguer, ou outro tipo de carne fácil de preparar, ou ovos, rodelas de tomates, cebolas, folhas de alface, ketchup e mostarda e algumas torradas, acompanhado de suco de frutas ou algum refrigerante.

Algumas vezes, tentávamos preparar algo mais elaborado, mas isso só acontecia em fins de semana, quando tínhamos tempo. Na maior parte das ocasiões, no entanto, o que fazíamos mesmo era ir jantar na casa da minha mãe ou na da D. Maria, que sempre nos recebiam com muita alegria.

Certa ocasião, Cristina resolveu que devíamos variar a nossa rotina gastronômica e decidiu preparar um "*strogonoff*". Lembro bem o que aconteceu naquele dia. O "*strogonoff*" estava impossível de ser comido, pela quantidade de sal, que ela havia colocado para temperar.

De qualquer maneira, fazendo um enorme esforço e bebendo

todo o líquido que havia disponível, eu dizia que estava muito bom, apenas um "pouquinho" salgado. Ela então resolveu também experimentar e, na primeira garfada que pôs na boca, percebeu o que havia acontecido e cuspiu fora o "quitute", caindo na risada, no que a acompanhei.

Nesse dia, fiquei sem jantar, mas o prazer de ver que ela havia se esforçado para tentar preparar alguma coisa para mim, me deixou extremamente feliz com o carinho que tinha demonstrado. Afinal, o importante foi aquela nova demonstração de cuidado e amor.

1977 a 1984 – As transferências

Decorridos aproximadamente três anos, após nos havermos casado, recebi a notícia da minha primeira transferência, o que nos levaria sucessivamente a viver em Belém, São Paulo, Fortaleza e finalmente Rio de Janeiro.

Tudo isso nos uniu ainda mais, pois jovens como éramos, ainda iniciando a vida, deixamos o conforto e a segurança do nosso ambiente familiar, para irmos viver sós, apenas ela e eu, em cidades de que, pouco ou nada conhecíamos.

Cristina me acompanhou em cada uma dessas etapas, sempre me apoiando e me dando total tranquilidade, para cuidar dos assuntos profissionais, enquanto ela conduzia as providencias necessárias, a tudo o que dizia respeito a estruturação das nossas novas residências.

Nessas ocasiões, teve muitas vezes que renunciar aos seus próprios interesses, deixando em segundo plano os objetivos que traçara para sua vida, para me permitir seguir os passos necessários ao desenvolvimento da minha carreira.

Logo no início do nosso casamento, evitamos ter filhos, mas com o tempo, após tentarmos por várias vezes, depois de alguns anos de casados, e de várias tentativas e tratamentos, que incluiu uma cirurgia a que me submeti, fui identificado como estéril.

Decidimos então adotar uma criança o que, finalmente complementou as nossas vidas e marcou de forma definitivamente feliz e gratificante, a nossa existência como casal.

Pedro chegou nos braços de Cristina, acompanhada por D. Maria. Ao entregá-lo a mim, Cristina disse: "Jaime, pegue o seu filhinho. Você agora é pai". Foi uma emoção indescritível, aquela de tomar pela primeira vez nosso filho em meus braços, e saber que aquela pequenina vida, viria a se transformar em um novo raio de luz, iluminando a nossa felicidade.

O Pedro foi aos poucos se desenvolvendo e transformando, em uma dádiva que recebemos, e hoje não sei o que seria de mim, e dela também naturalmente, sem a sua presença sempre amiga e carinhosa, e seu insubstituível suporte e dedicação.

No entanto, mesmo antes desse acontecimento, nossos amigos e familiares, sempre nos perceberam como um casal perfeito, uma relação amorosa e companheira, uma família a ser tomada como referência, pela maneira amorosa como vivíamos, e pela proximidade que havia entre nós, mesmo cada um preservando, a sua individualidade.

É claro que como acontece em todas as longas relações, em alguns momentos, enfrentamos tempos complicados, particularmente em função do ciúme extremado de Cristina, como já mencionei, fruto da influência forte da sua mãe nesse sentido, o que produzia nela, uma constante insatisfação com as minhas viagens e ausências por motivos profissionais, quando ela não podia me acompanhar.

Na tentativa de ocupar melhor o seu tempo, e utilizar suas habilidades na produção de audiovisuais, Cristina decidiu instalar uma pequena produtora. Infelizmente, no entanto, poucos anos depois de iniciar suas atividades na área, sofreu um grande abalo, ao ter suas instalações, invadidas por bandidos.

Felizmente, ela não sofreu nenhum dano físico, pois não estava no local, mas diante do prejuízo e do receio de que acontecesse um novo caso, resolveu desistir do que fazia.

Coincidentemente, este fato desagradável aconteceu pouco depois da chegada do Pedro, o que passou a exigir sua total dedicação, e que fez com que rapidamente esquecesse o que havia ocorrido.

À medida que o tempo se passou, e tendo ele alcançado a

adolescência, Cristina decidiu retomar os estudos, ingressando no Curso de Psicologia, onde teve um ótimo desempenho e após haver se formado, passou a exercer a profissão com dedicação e competência, sendo reconhecida tanto pelos professores, quanto pelos colegas.

Após formada, resolveu instalar seu Consultório, em uma sala comercial que possuímos no Leblon, em um ponto bastante privilegiado, e começou a "fazer" sua clientela, a quem atendia muito mais pelo prazer de escutar e compreender as dificuldades do ser humano, que pelo retorno financeiro que obtinha, por seus conselhos e ajuda.

Nesse período, já vivíamos uma situação bastante confortável em termos financeiros, com meus rendimentos sendo mais que suficientes, para garantir com folga, todas as necessidades e desejos da nossa família.

Assim, desfrutávamos de prazeres, como viagens, presentes, moradia confortável em bairros de alto padrão, além de, quando necessário, termos condições, para recorrermos ao que havia de melhor, para o nosso bem-estar.

Contávamos sempre com os empregados necessários, ao atendimento dos serviços da nossa casa, e o Pedro frequentava os melhores colégios.

Enfim, dispúnhamos de tudo o que era exigido, para a vida confortável de uma família de classe média alta no Rio de Janeiro, não sendo da Cristina solicitada, qualquer participação financeira, para atendimento dessas necessidades.

Isso lhe permitia total liberdade, para dedicar-se aos seus afazeres pessoais, a prática constante de exercícios, e a convivência com amigas e parentes.

Infelizmente, por contrapartida, mais uma vez o terrível ciúme, associado a uma boa dose de timidez e insegurança, faziam com que ela tivesse muita dificuldade, em conviver com as pessoas, nas quais não tivesse absoluta confiança. Se essas pessoas fossem do sexo feminino então, a coisa se tornava ainda mais difícil.

Após algum tempo, até mesmo mães de amigos do nosso filho, e amigas dela própria, tornaram-se alvo da sua obsessão, e foram por ela afastadas da nossa convivência. Tenho a impressão de que essas, já eram algumas manifestações da sua futura doença.

Um outro problema bastante complicado havia, para dificultar o nosso relacionamento com outros casais, e mesmo com alguns parentes, que era a diferença tanto de nível financeiro, quanto dos hábitos que, com o tempo, fomos adquirindo.

Assim, nossos jantares de fim de semana, nossos passeios, nossas viagens, nossas idas ao teatro e a shows, aconteciam apenas entre nós mesmos ou, quando incluíam um outro casal, terminávamos por várias vezes, sendo responsáveis por pagarmos a conta, o que naturalmente, provocava um certo constrangimento.

Ocorre que, apesar de ter tido origem em uma família de certo nome, mas sem recursos financeiros, lutei toda a minha vida para conseguir amealhar uma boa reserva de recursos, e para aproveitar oportunidades, que me permitissem o maior sucesso possível, nas funções que exercia.

Assim, seja por competência, sorte ou a soma dos dois consegui, nas empresas em que trabalhei, alcançar esse objetivo, o que nos permitia, conhecer e frequentar o que havia de mais refinado e sofisticado, no que se refere a cultura, a gastronomia e a arte, tanto no Brasil quanto em boa parte do mundo.

Recebíamos constantemente uma grande quantidade de convites, que incluíam, desde viagens exclusivas no Brasil ou exterior, degustações sofisticadas, fosse de vinhos, fossem gastronômicas, espetáculos de música, canto, dança e musicais, e até para assistirmos aos desfiles de escolas de samba, no Sambódromo, com camarotes e fantasias para desfilarmos como participantes, nas escolas mais famosas do carnaval do

Rio (tendo isso acontecido seguidamente por mais de dez anos).

Desde o início do nosso casamento, pelas posições que ocupei, isso era algo comum em nossas vidas, e à medida que o tempo passava, isso se tornava cada vez mais frequente, podendo acontecer em eventos interessantes, divertidos e sofisticados, mas também muitas vezes, maçantes e difíceis de aguentar.

De qualquer forma, nessas ocasiões, sempre tive por hábito levá-la como companhia e, confesso, que como ela às vezes dizia, foi obrigada a suportar apresentações maçantes, jantares e/ou almoços onde a comida já chegava fria, e às vezes mesmo a aguentar conversas chatas e totalmente sem interesse, para alguém que não tinha qualquer ligação com o mundo desse tipo de negócios.

Essa era no entanto a rotina imposta pela posição que eu ocupava, e à qual terminei por também submetê-la, mais uma vez em grande parte pelo ciúme que ela nutria, e que fazia com que minha ida desacompanhado a esses eventos, se tornasse motivo de discussões e brigas entre nós, sendo praticamente impossível.

Por outro lado, foram inúmeras as vezes em que viajamos juntos em férias, aproveitando minhas viagens a trabalho a diversos países, ocasiões em que costumávamos nos hospedar nos melhores hotéis, frequentarmos excelentes restaurantes e visitarmos cidades, museus, locais históricos e todos os tipos de atrações típicos para quem deseja conhecer mais e melhor, as belezas do mundo.

Tínhamos ainda a vantagem de, como isto acontecia muitas vezes ao longo de cada ano, conseguirmos nos integrar melhor à vida dos países e cidades que visitávamos, com isso conhecendo melhor os hábitos e os costumes das populações locais.

Por ocupar essas posições, ser tão convidado e recebido com todas as honrarias e deferências, confesso que a vaidade me subiu à cabeça, me tornando cada vez mais em alguém arrogante, de trato difícil, grosseiro e perfeccionista, capaz de humilhar e submeter a situações constrangedoras, colegas e amigos.

Àquela época, no entanto, apesar de ser constantemente alertado pela Cristina e pelo Pedro, quanto a esse meu comportamento, me considerava alguém intocável, cujos gestos e atitudes, por mais desagradáveis que fossem, seriam sempre aceitos, em função do poder e do reconhecimento que eu detinha, nas áreas em que atuava.

As pessoas me aceitavam e respeitavam por minha capacidade de trabalho e pelas competências e experiência que consegui acumular durante minha carreira, mas é evidente também, que em grande parte, essa aceitação tinha a ver com a função que eu ocupava, e com os poderes que ela me conferia. Eu, no entanto, me recusava a aceitar que isso era algo passageiro, e que demonstrava uma das minhas maiores fraquezas: uma vaidade extremada e fútil.

Hoje, amadurecido pelos anos, me arrependo profundamente das minhas atitudes e consigo reconhecer em mim alguém com grandes defeitos.

Se pudesse voltar atrás, essa seria uma das poucas coisas que eu gostaria de mudar ao longo da minha história de vida. Infelizmente isso não é possível, me restando apenas o lamento pelos amigos, e outras pessoas a quem ofendi e magoei.

O meu maior arrependimento no entanto, vem de saber, que a Cristina e o Pedro também, em diversas ocasiões, sofreram as consequências dessa minha maneira estúpida de ser, sem que eu tenha tido a sensibilidade e o amor necessários, para me aperceber das minhas falhas e corrigi-las, com o que terminava por atingir as pessoas que mais amo e das quais sempre, só recebi carinho e demonstrações de afeto.

Enfim, esta é a história que vivemos como família, mas principalmente como marido e mulher, companheiros inseparáveis, sempre, principalmente por parte dela, encontrando formas, para contornarmos nossas divergências, em uma busca constante pela felicidade, que sempre acreditamos possível, e que ficou ainda mais próxima de ser alcançada, a partir da chegada do nosso filho em nossas vidas.

Felizmente, todas as dificuldades e conflitos que aconteceram na nossa vida entre nós, jamais foram capazes de apagar, todos os anos de alegrias em que juntos caminhamos, tendo como principal suporte o amor, e o objetivo inamovível, de buscarmos por todas as formas encontrarmos mutuamente a nossa felicidade.

E é para dar uma demonstração dessa verdade, que detalho um pouco mais o que foram todos esses anos, buscando obedecer a uma certa sequência cronológica, para descrever os fatos que se sucederam.

1977 a 1979 – Belém, amigos que fizemos e ainda temos

Iniciamos nossa peregrinação pelo Brasil, por força das minhas transferências, pela cidade de Belém, no Pará, onde vivemos por três anos. Foi uma experiência totalmente nova para nós, longe da família, casados há pouco, e ainda dando os primeiros passos em nossa vida conjunta.

Cristina foi forçada a abandonar temporariamente o curso de Engenharia Mecânica, que estava fazendo em Recife e eu também tive momentaneamente que deixar a Faculdade de Administração. Depois de muitas dificuldades, conseguimos matrícula nas respectivas Universidades, em Belém e nos formamos.

Conseguimos logo fazer alguns amigos, todos nordestinos que estavam em Belém, sendo a grande maioria formada por geólogos que trabalhavam na CPRM (Companhia de Pesquisa de Recursos Minerais), e outros que eram professores universitários. Como nós, também haviam ido viver na amazônia, em busca de crescimento profissional.

Era uma turma boa, vindo alguns de Pernambuco, outros da Paraíba, outros do Ceará e ainda outros do Piauí, normalmente casais jovens, iniciando a vida como nós, com saudades das suas famílias, mas que tinham decidido desbravar a Amazônia, em busca de sucesso.

Compunham o grupo, Alexandre e Amira (os que se tornaram mais próximos e com quem até hoje mantemos contato constante), Chico Matos e Gilka, César e Marta, Zé Ayrton e Isabel, Glauco (já falecido) e Eterlene, havendo também vez por outra a presença de Zé Arimá e Ednolia e de outros menos assíduos.

Nos reuníamos todo fim de semana para partidas de vôlei, banhos de piscina, churrasco e cerveja, em um sítio fora da cidade, que diziam pertencer a um padre, conhecido do pessoal.

Também nos encontrávamos muito no nosso apartamento, para conversas, jogos e beliscarmos alguma coisa, acompanhada de bebidas. Era uma vida alegre, mas havia em todos uma certa melancolia, provocada pela distância da terra natal, que sempre terminava aparecendo nas conversas que mantínhamos.

Passado algum tempo, uns foram se distanciando, outros voltaram a suas origens, e os que ficaram por mais algum tempo como nós, ou que decidiram se fixar definitivamente em Belém, buscaram novas alternativas, claro que sem abandonarmos as amizades.

No nosso caso, nos voltamos para outros amigos que adquirimos, esses paraenses ou totalmente radicados na cidade, tendo sido os principais o casal Mendel e Linda Eliasquevici e seus filhos Serginho e Roberto.

Com eles, fomos muitas vezes a Salinas, para passar a temporada de verão, e aos domingos, impreterivelmente, saíamos todos para comer uma pizza no jantar.

Muitos desses amigos são pessoas queridas com quem mantemos contato até hoje, embora a distância, nos imponha limites, para nos encontrarmos com mais frequência.

Cristina enfrentou esse período, sem nunca se queixar, me apoiando em tudo, participando de todos os momentos e conquistando a todos, com sua simpatia, capacidade de escutar e aconselhar, apesar de muito jovem e ser, aparentemente ainda pouco experiente.

Foi dessa maneira que permanecemos por três anos morando em Belém, procurando usufruir ao máximo o que a região e as amizades nos proporcionavam, e nos preparando para o que viria adiante. Nosso próximo passo, São Paulo.

1980 a 1982 – São Paulo, pouco ou nada pra lembrar

Me perdoem os que não pensam como eu, mas talvez pela minha maneira de ser, mais descontraída e informal, nunca até hoje, consegui considerar São Paulo, uma boa cidade pra se viver.

Opressiva, cinza, feia, duríssima com os que vem de fora, fruto da eterna batalha travada por todos os que lá vivem, para alcançar posições, destaque e sucesso, onde qualquer estrangeiro, particularmente se for nordestino é considerado um inferior, usurpador e inimigo.

Não é um lugar para se fazer amigos, tanto que, os únicos com quem convivemos foram Diniz e Alyda, que já conhecíamos do Recife, e que lá estavam vivendo, pelo mesmo motivo que nós, transferidos pela Nestlé.

Morávamos no mesmo condomínio de prédios, e foram só eles que tivemos como amigos, durante os quase três anos em que vivemos na cidade. Isso não mudou e até hoje somos muito próximos, mas de São Paulo mesmo, não surgiu ninguém, que possamos considerar nessa condição. Pra confirmar o que digo, Diniz e Alyda são pernambucanos.

Trabalhando na Sede da Companhia, o que melhor aproveitei, foram as lições de aprimoramento profissional, e a experiência de aprender a lidar com um ambiente sempre hostil, em que todos estão concorrendo entre si, e em que ninguém hesita em derrubar o outro, se isso puder lhe trazer algum proveito. Aliás uma situação que é típica, de todas as Sedes de empresas, particularmente as multinacionais.

Embora não se possa contestar o fato, de que sempre foi a cidade brasileira que oferece maiores oportunidades, por concentrar praticamente todo o "parque de negócios" do país, com isso podendo pagar por arte, ciência, gastronomia e tudo o que há de bom. É um lugar onde falta alma, generosidade, delicadeza e afeto, pois isso o dinheiro não consegue comprar.

Todo mundo tem um certo pudor de dizer o que estou afirmando, mas essa é a verdade pura e simples.

Se não pergunto, e peço que cada um procure, de forma isenta, lembrar qual a referência que tem, da cidade de São Paulo, e o que menciona como diferenças, quando deseja fazer-lhe elogios:

1 – A gentileza e receptividade do seu povo?

2 – A facilidade em se fazer amizade com paulistanos?

3 – A oferta e variedade de seus teatros, seus restaurantes, seus museus, sua vida noturna, seus shows?

4 – A qualidade dos seus hospitais e serviços médicos? 5 – As suas belezas naturais?

Duvido que refletindo com sinceridade, alguém encontre nas duas primeiras questões, ou mesmo na última, a resposta para sua admiração por São Paulo. Estes aspectos da vida não se compram, mesmo se dispondo de todo o dinheiro do mundo.

Assim, foram Alyda e Diniz que, naquela época tinham tido a felicidade da chegada do Rodrigo, seu filho, um garoto esperto e carinhoso, que nos serviram de suporte e nos fizeram companhia, durante todo o tempo em que lá permanecemos.

De qualquer forma, como nunca fomos de nos resignar, e aceitar passivamente, o que nos impunha a vida, procuramos usufruir o que lá ainda havia de bom, e aproveitamos bastante as oportunidades que tivemos, frequentando shows, indo a restaurantes, visitando museus, exposições, bienais, assistindo a espetáculos musicais e de teatro etc., mesmo sem dispormos de muito dinheiro. Que ao contrário, naquela época, era bastante curto.

Excluídas essas oportunidades de diversão, as únicas coisas que

1980 A 1982 - SÃO PAULO, POUCO OU NADA PARA LEMBRAR

realmente valeram nessa temporada em São Paulo, foram o Curso de Especialização em Marketing, que fiz na FGV e o Curso de Formação para Executivos da América Latina, de que participei como um dos indicados da Nestlé brasileira, realizado na cidade do México.

Por isso, vivíamos sonhando em sermos transferidos novamente, para uma cidade onde pudéssemos viver uma vida mais leve e confortável, preferencialmente uma, onde o mar estivesse mais ao nosso alcance.

Também, jamais me agradou a ideia de ir para o Sul, onde os costumes são tão diferentes, daqueles a que fomos habituados na terra em que nascemos.

Assim, sem muitos subterfúgios, o meu verdadeiro desejo, era o de voltar a viver no Nordeste, abrindo exceção apenas para o Rio de Janeiro, envolvido pelo natural fascínio que a Cidade Maravilhosa, exercia sobre qualquer brasileiro, pelo menos naqueles tempos.

Por justiça, no entanto, ao final desse capítulo, devo destacar que é justamente de São Paulo, um dos mais leais e fiéis amigos que já conquistei ao longo da vida. Trata-se do Claudio Czapski, a quem conheci muito tempo depois da temporada em que moramos na cidade, fruto de trabalhos que desenvolvemos em conjunto.

Não tenho dúvida da grande amizade que nos une. Claudio é a exceção, que confirma minhas impressões gerais, sobre São Paulo.

1983 a 1984 – Fortaleza foi o céu

A notícia da nossa nova transferência, de São Paulo para Fortaleza, chegou quando era maior o desejo que tínhamos de voltar a viver em uma cidade nordestina. Assim, já nos primeiros dias da nossa chegada, Fortaleza preencheu totalmente nossas expectativas, e se revelou um verdadeiro paraíso.

Um povo hospitaleiro, descontraído, que quer conviver e fazer amigos, e que tenta passar ao forasteiro, a sensação de se sentir em casa.

Gente alegre, simpática e festeira, feliz por viver a vida a cada momento, e usufruir das belas oportunidades que a natureza lhes proporciona, representadas em suas praias, suas dunas, suas lagoas e sua grande riqueza artesanal.

Lá tivemos a felicidade de encontrar amigos que até hoje cultivamos, e outros que infelizmente já se foram, mas de quem mantemos uma lembrança bem viva em nossos corações.

São pessoas como o Renan Braga, o Demócrito Dumar, o Carlinhos Moraes, o Sérvulo Esmeraldo, a Dodora sua mulher, o Horácio, o Lino Villaventura, a Inês e muitos outros que, apesar de menos próximos, também nos ajudavam a viver, as maravilhas de Fortaleza, e de todo o Ceará.

Renan Braga, era um "public relations" da cidade, conhecendo tudo de bom e todos os que importavam, sempre bem-humorado, sempre encontrando programas agradáveis para fazermos, e nos apresentando a várias pessoas.

Demócrito, infelizmente já falecido, era um empresário de alto nível, presidente do sistema "O Povo" de comunicação, que geria com bastante habilidade e competência.

Lino e Inês, eram um casal muito querido, com quem convivemos bastante, apesar de infelizmente nos havermos distanciado, depois do grande sucesso que ele alcançou no mundo da moda. Um sucesso muito justo, por ser ele um grande estilista. Já ela sempre foi uma pessoa sempre muito atenciosa, doce e delicada.

Carlinhos Moraes, nosso querido e inesquecível amigo, era alguém de enorme sensibilidade, que transferia às obras que produzia, principalmente tapeçarias, todos os seus monstros e fantasmas. Sentimos muito sua perda, principalmente por ter sido levado, covardemente, pelo mal que ataca os que amam, e desejam livremente ser amados.

Dodora, nossa "Auxiliadora das Artes", é uma pessoa querida e admirável, que viveu uma paixão avassaladora, por Sérvulo Esmeraldo, com justiça considerado um dos maiores artistas cearenses, e uma das maiores expressões da geometria construtiva, e da arte cinética no Brasil e em todo o mundo.

Horácio, é um dos nossos amigos mais queridos e, embora nos vejamos menos do que gostaríamos, sempre estamos nos falando pelas redes sociais e relembrando tudo o que, conduzidos por ele, conhecemos em termos de arte e cultura popular cearense e nordestina.

Foi também em sua companhia agradável, que fomos diversas vezes, a Canoa Quebrada e ao Cumbe, para degustarmos uma refinadíssima iguaria gastronômica regional: o "atolado de caranguejo", preparado pelo amigo "Toinho", na sua agradável propriedade.

Deixo para falar por último sobre o nosso Sérvulo Esmeraldo, um grande e querido amigo, com quem convivemos tantos anos, mesmo depois de havermos ido morar no Rio de Janeiro que, sempre em companhia da sua inseparável "Auxiliadora das Artes", a nossa Dodora, nos proporcionou tantos bons momentos, de papo inteligente e alegre, durante o tempo em que vivemos em Fortaleza.

Sérvulo Esmeraldo, foi um dos grandes artistas plásticos

brasileiros, pioneiro na conjunção dos recursos e conhecimentos matemáticos e arquitetônicos, para construção da sua obra, tornando-se uma das maiores expressões da "Arte Cinética", no século XX, presente no Ceará, no Brasil, na França e em diversos outros países.

Era uma personalidade fascinante, que mesclava uma sensibilidade, uma cultura e um refinamento pouco comuns, a uma enorme simplicidade, e um grande prazer de viver, além de possuir um humor ferino que muito me agradava.

Nossos encontros, eram ocasiões muito ricas e prazerosas para mim, quando conversávamos sobre vários assuntos, tentando buscar nos fatos, uma visão bem-humorada e alegre, para sua interpretação.

Eu era "D. Jaime" pra ele, e ele era "Dom Esmeraldo, o Arquiduque do Crato, Juazeiro e redondezas" para mim. Assim nos tratávamos, nos tomávamos mutuamente a benção, e nos divertíamos comentando os últimos fatos, envolvendo personalidades da terra, que conhecíamos, e a respeito das quais fazíamos grandes gozações.

Em relação a todos de quem não gostava, fosse pessoalmente, fosse pela produção artística que considerasse medíocre, ele classificava como "soit disant", em uma crítica mordaz e bem humorada, que desqualificava literalmente, qualquer pretensão de se dizer importante ou se destacar, para os que eram atingidos por seu comentário mordaz.

Gostei da gozação, e passei também a denominar por essa expressão, qualquer sujeito que considero um boçal e idiota, como tantos que existem por aí, e com os quais tive a infelicidade de eventualmente conviver, sujeitos metidos a intelectuais, conhecedores do que visivelmente não sabem, e que vivem se enaltecendo da sua pretensa sabedoria.

Não foram poucas, portanto, as vezes em que, lembrando o meu amigo Sérvulo, classifiquei algumas pessoas nesta categoria, usando a expressão "soit disants", com a vantagem de não entendendo do que se tratava, muitos ainda se sentiam elogiados, para meu prazer e riso.

Há alguns anos, eu, Cristina e Pedro, com enorme prazer fomos a Fortaleza, para assistirmos a oficialização do casamento de Sérvulo e Dodora, participando também do almoço que ofereceram no dia seguinte, que reuniu uma grande quantidade de amigos do casal.

Foi, portanto, com muita tristeza, mas algum conforto por ainda tê-lo visto mais uma vez, e dele termos recebido uma obra como última lembrança, além de passarmos algumas horas em sua companhia, relembrando parte da sua história, passada no Engenho Bebida Nova no Crato, que poucos anos depois tomamos conhecimento da sua partida, certamente com a missão de tornar muito mais inteligente, fantástico, alegre e feliz, o lugar onde se encontra.

1985 a 2017 – Cidade Maravilhosa

O Rio de Janeiro foi a etapa seguinte e a última da nossa vida de transferências forçadas, pela necessidade de cumprir as determinações da Nestlé, que nos levaram a mudar de cidade, por cinco vezes, durante os 16 anos em que nela trabalhei.

Claro que, naquela época, longe da violência e da destruição imposta a cidade nos últimos anos, pela corrupção dos seus governantes, o Rio era a aspiração de todo o mundo, como lugar pra viver, sendo uma cidade mito, onde tudo de novo acontecia, cantada em prosa, verso, músicas e imagens..

Chegamos ao Rio logo nos primeiros dias do ano de 1985, ficando hospedados no Hotel Praia Ipanema, que até hoje existe, de frente pro mar, na Av. Vieira Souto.

Imediatamente iniciamos a busca por uma moradia, até que conseguimos encontrar um ótimo apartamento, na Rua Nascimento Silva em Ipanema, onde passamos a residir.

Os tios e primos da Cristina, nos acolheram com muita delicadeza e assim, minimizamos um pouco a falta dos muitos amigos, que havíamos deixado em Fortaleza. Neves também estava morando no Rio, e esteve junto a Cristina, na escolha e na montagem da nossa nova casa.

Do meu lado, iniciei o trabalho junto aos meus colegas de Nestlé, passando logo a visitar clientes e me inteirar, do que seria necessário para ter êxito na minha função, como já havia acontecido nas outras filiais onde servi.

O Rio vibrava em pleno verão. Na verdade, não sei se é o verão estação do ano que parece haver sido feita para ser vivida no Rio, ou se é o Rio que foi feito para ser vivido no verão. A realidade é que Rio e verão, verão e Rio, sempre foram palavras sinônimas de alegria, liberdade, charme e beleza.

Por coincidência, logo após nossa chegada, acontecia mais um evento, que reafirmava o Rio como a capital da alegria do Brasil. O 1o Rock in Rio. De Fortaleza vieram para o evento, Lino Villaventura e Inês, que ficaram hospedados em nosso apartamento durante alguns dias.

Fomos todos para a chamada "Cidade do Rock", onde assistimos a apresentações antológicas, como as de Fred Mercury, Nina Hagen, Bob Dylan, e um grande número de estrelas internacionais, além dos brasileiros, que também se apresentaram nos palcos do 1o Rock in Rio.

Nossos anos iniciais na cidade foram tomados por novidades, festas, passeios e a convivência com a família e os amigos, que por eles nos foram apresentados.

Cristina, que havia a essa altura, definitivamente, se engajado no trabalho de produção de material audiovisual, decidiu montar uma pequena produtora de vídeo, onde começou a trabalhar com todo entusiasmo e relativo sucesso.

Como sempre aconteceu, eram mais o prazer e o sentimento de ser útil que o lucro, que a motivavam a assumir as responsabilidades do negócio, fazendo isso com enorme senso profissional.

Nesse período, chegou a ir a Cuba e a Colômbia, participar de Congressos e Encontros de Mulheres envolvidas nas artes audiovisuais e em movimentos semelhantes, seguidores dos ventos feministas que começavam a soprar em todo os lugares do mundo.

Mas, o que de fato começou a nos fazer falta, era a presença de uma criança. O filho que sempre desejamos, mas que me era impossível gerar, pois fora diagnosticada a minha esterilidade. Assim, começamos a amadurecer a possibilidade de o adotarmos, e iniciamos as providencias para que isso acontecesse.

Ainda durante a minha permanência em São Paulo, a Nestlé

começou a sofrer uma grande reviravolta, graças a substituição de toda a diretoria, pela ascensão de um novo grupo, de origem alemã, que como é natural nessas circunstâncias, sempre adota grandes mudanças nos cargos chave das empresas.

Um dos atingidos por essa nova gestão, já quando estávamos no Rio, foi o meu amigo Diniz, demitido da Companhia, sob o famoso argumento de redução de custos e eliminação de cargos.

Foram momentos difíceis para eles, que mesmo fazendo várias tentativas de se estabelecerem e superarem o golpe, terminaram por retornar ao Recife, para reiniciar a vida junto a família. Felizmente, finalmente conseguiram, e hoje voltamos a conviver frequentemente, o que nos dá muita alegria e prazer.

No final do meu segundo ano à frente da filial do Rio, surgiu a hipótese de uma nova transferência para mim, desta vez para Curitiba, o que deixei claro que, sem qualquer possibilidade de voltar atrás, eu não aceitaria.

Diante do avanço dessa tentativa, quando nem a Nestlé, através dos meus superiores, recuava, nem eu aceitava ceder ao que me desejavam impor, resolvi conversar com Cristina sobre o que estava acontecendo e, com ela decidir, como sempre foi o nosso hábito, quais os novos rumos que daríamos a nossa vida.

Foi assim que, em um fim de tarde, chamei-a para irmos até praia de Ipanema, no posto 9, onde morávamos e, tomando uma água de coco, juntos assumimos a decisão de permanecermos no Rio, mesmo à custa de que eu solicitasse a minha demissão da empresa. E foi o que aconteceu.

Lembro-me bem das palavras dela, mais uma vez me apoiando incondicionalmente, quando disse:

- Jaime, vamos fazer o que você decidir. Tenho certeza de que isso será o melhor pra nós.

Você sai da Nestlé e ficamos por um tempo no Rio, para vermos se conseguimos nos reposicionar. Se dentro de algum tempo, não conseguirmos manter o nosso padrão como queremos, veremos o que fazer. Sempre resta a possibilidade de voltarmos ao Recife e recomeçarmos a vida.

Com uma mulher dessa ao meu lado, como eu poderia temer qualquer novo caminho, que resolvesse trilhar?

Que dúvida eu poderia ter de que com ela, tudo sempre, daria certo?

Foi confiando no apoio recebido de Cristina, que nunca me faltou, que segui até a Sede da Nestlé em São Paulo, e apresentei o meu pedido de demissão.

A partir daí, concretizada a minha saída, decidi ligar para o Fortunato Leta, que já àquela época estava à frente do Zona Sul, relembrando a conversa que havíamos tido, em que ele sutilmente me abriu a possibilidade, de virmos a trabalhar juntos.

Começava ali, um novo ciclo profissional e pessoal da minha vida, que felizmente se revelou extremamente compensador e bem-sucedido, e que se prolongou pelos 25 anos seguintes.

Meu trabalho no Zona Sul, como acontece em qualquer empresa, foi uma difícil sucessão de conquistas, particularmente de confiança por se tratar de um grupo familiar, ainda mais de origem italiana, onde os laços que unem os seus membros são extremamente fortes e, quase impenetráveis.

De qualquer forma, como nunca tive medo de enfrentar obstáculos e dificuldades, fui aos poucos afastando as "pedras" e conseguindo me firmar junto a todos, finalmente encontrando o apoio tão necessário, para desenvolver um trabalho de qualidade, como eu desejava que acontecesse.

Posso dizer, que na minha longa permanência na empresa, obtive uma soma de sucessos em minhas iniciativas, que superou em muito, as falhas que aconteceram, e hoje, já fora do seu dia-a-dia, tenho reconhecido por seus acionistas, o legado que deixei, e a contribuição que dei, a posição de destaque que alcançou, no meio supermercadista brasileiro.

Foi ainda no primeiro ano da minha entrada no Zona Sul, que aconteceu o fato que transformaria definitivamente as nossas vidas, minha e de Cristina. Chegou, naquele ano de 1987, o nosso desejado filho, Pedro, uma nova luz, que a partir daquela ocasião, traria à nossa casa, ainda mais alegrias e felicidade.

Pedro cresceu rápido e, à medida que os anos passavam, mais afloravam as características da sua personalidade, prudente, delicado, humano e também, um pouco arredio aos estudos.

Teve uma adolescência um pouco conflituosa, apresentando a rebeldia típica dessa fase, enquanto nós nos esforçávamos para compreender suas ansiedades e dificuldades, e ajudá-lo em tudo o que estivesse ao nosso alcance. Foram anos em que, vez por outra discutíamos com ele manifestando suas opiniões e nós, particularmente a Cristina, buscando orientar e direcionar adequadamente a sua formação.

Além de todas as outras responsabilidades que assumia, Cristina era uma excelente mãe, sempre atenta a evolução pela qual o Pedro passava, à medida que crescia, e começava a assumir a sua própria personalidade.

Passado esse período, no entanto, sua relação conosco foi amadurecendo, e fazendo surgir uma grande confiança entre nós. As noites intranquilas de espera por sua chegada, as ligações para ele ou para colegas, tentando localizá-lo sem estarmos seguros sobre o que se passava, tudo foi sendo substituído por amizade, segurança e tranquilidade.

Cristina, percebendo que ele, a cada dia se mostrava melhor encaminhado, como pessoa, decidiu retomar sua vida, ingressando no curso de Psicologia, onde se formou com ótimos resultados e, por seu espírito doce e pacífico, e dedicação aos estudos, rapidamente conseguiu o reconhecimento de colegas e professores.

Concluídos seus estudos, passou a fazer estágio na UERJ (Universidade Estadual do Rio de Janeiro), ganhando experiência e logo depois, instalando seu Consultório, em uma sala que possuímos no Leblon, onde passou a atender um bom número de pacientes, aos quais dedicava sua atenção e seu conhecimento, com a compreensão e sensibilidade naturais que sempre possuiu, para questões, que dissessem respeito a natureza humana.

Além disso, continuou seu processo de aperfeiçoamento profissional, frequentando constantemente eventos e cursos de especialização, no Rio ou em outras cidades onde eles acontecessem. Em algumas ocasiões, quando pude, cheguei a acompanhá-la.

Por seu espírito conciliador e delicado, era reconhecida onde chegava, como aquela que ajudaria a resolver conflitos, tendo sempre uma palavra que minimizava os incômodos e acalmava os ânimos.

Do meu lado, deixei fluir a minha conduta de *"workaholic"*, me envolvendo fortemente nos negócios, e assumindo cada vez mais obrigações e responsabilidades.

Esse é outro aspecto da minha vida, pelo qual me penitencio. Por ter assumido esse tipo de comportamento, sei que tanto Cristina quanto Pedro, sentiram falta de uma presença mais efetiva de minha parte pois, em minha dedicação extremada ao trabalho, não lhes dediquei tanta atenção quanto deveria.

Em muitas ocasiões, recebi deles reclamações que, apesar de disfarçadas, deixavam clara a insatisfação, que experimentavam com as minhas ausências pois, além do mais, passei a fazer constantes viagens, que prejudicavam ainda mais a nossa convivência.

Infelizmente, não há como corrigir os erros que cometi, mas se conselho serve para alguma coisa, aceitem o meu, colocando a família à frente do trabalho. A felicidade da família deve ser o fim, o objetivo a ser buscado por qualquer pessoa, mas cabe aos pais um papel preponderante, para que isso seja alcançado. O trabalho, deve ser visto apenas como meio, para que esta felicidade seja alcançada.

De qualquer forma, posso considerar que os anos que passamos no Rio foram de um relativo bem-estar familiar, com alegrias e recompensas, mesmo consideradas as naturais dificuldades que cada um de nós, teve que enfrentar no curso das nossas vidas.

Foi assim, que o Rio de Janeiro se tornou, a nossa cidade do coração, pois lá, Cristina e eu vivemos mais tempo que os anos que passamos em Recife. Para Pedro, então, nem se fala. Foi no Rio que ele chegou, se criou e se formou como pessoa. É lá que ele tem todas suas referências. Foi lá que ele encontrou Ana Leticia, com quem hoje divide a sua vida, seus momentos difíceis e sua felicidade. Foi lá que, como aconteceu comigo em um dia de 1971, ele encontrou seu grande e verdadeiro amor.

2009 – Trauma em Nova York

Como fazíamos frequentemente, em julho de 2009, eu e Cristina resolvemos tirar umas férias de uma semana, para comemorar o nosso aniversário de casamento, que acontece no dia 06 daquele mês. Desta vez, nossa escolha foi a cidade de Nova York.

NY era um lugar que adorávamos visitar, fosse pra frequentarmos os ótimos restaurantes que existem por lá, fosse para visitarmos museus, fosse para irmos aos musicais e shows de jazz, ou por uma das principais razões das nossas idas, que eram as compras nas lojas da 5a Avenida.

Chegamos num sábado pela manhã, para aproveitarmos ao máximo a semana, pois nossa volta já estava programada para 6a feira seguinte, no final da tarde.

Isso porque pretendíamos estar de volta ao Rio na manhã do sábado, para atendermos ao convite que recebêramos da Nestlé, para o novo show de Roberto Carlos, que iria acontecer naquele dia à noite, no Maracanã.

Tínhamos uma programação intensa a cumprir e, após deixarmos nossas bagagens no hotel, que ficava bem em frente ao Central Park, descansamos um pouco, e saímos para curtir a cidade.

Tudo correu muito bem durante a nossa permanência, já que havíamos antecipadamente feito reservas para espetáculos como Hair, que já havíamos assistido inúmeras vezes, mas sempre gostávamos de repetir.

Também já tínhamos agendado nossa ida a restaurantes como o do Moma, o Asiat, e o próprio Daniel onde jantamos no que imaginávamos seria o dia anterior ao nosso retorno, e no Balthazar.

Quando não tínhamos algo já programado, íamos a *"Little Italy"*, para comer uma boa macarronada, em um dos seus restaurantes típicos italianos, ou ao Serafina, onde se servia uma excelente pizza.

Finalmente, o *"Blue Note"* era o nosso lugar preferido para escutarmos um bom *"jazz"*, e conhecermos novos grupos dedicados a esse estilo de música.

Já os dias, eram dedicados aos passeios e as compras, principalmente pra Cristina, pois nunca fiz muita questão de comprar nada pra mim, ficando feliz em vê-la curtindo o que desejava ter.

Um incidente que aconteceu alguns dias depois da nossa chegada, fez com que tivéssemos que procurar com urgência um dentista, pois ao comer um sanduiche no café manhã, em uma Padaria de estilo francês, recentemente inaugurada, onde decidimos ir para variar o café do hotel, Cristina quebrou um dos dentes da frente, o que evidentemente, a deixou chateada e envergonhada.

No entanto, resolvemos isso com rapidez e certa facilidade, pois no próprio hotel nos indicaram o Consultório de um Dentista, considerado muito bom, que era praticamente vizinho ao local em que estávamos, e que a atendeu e resolveu o problema em pouquíssimo tempo, lógico mediante um gordo pagamento em dólares, mas deixando a Cristina novamente feliz, por ter recuperado totalmente o seu lindo sorriso.

Os dias em NY, como sempre, nos proporcionavam momentos de muita felicidade, e me permitiam cumprir com o meu objetivo, de proporcionar as melhores e mais inesquecíveis experiências, a minha amada mulher.

Infelizmente daquela vez, uma surpresa bastante desagradável nos aguardava e aconteceu na madrugada da sexta-feira, dia anterior ao nosso retorno para o Brasil.

Naquela noite havíamos marcado, com bastante antecedência o nosso jantar de despedida da cidade, no restaurante Daniel, pertencente ao estrelado Chef, Daniel Boloud.

Estávamos felizes com os dias que havíamos passado, com as compras que fizéramos e com a perspectiva de, no sábado pela manhã, estarmos de volta a nossa casa no Rio, e revermos o nosso filho.

Chegamos ao restaurante na hora marcada e nos servimos de um excelente "menu degustation", composto por 12 courses (etapas), à escolha do Chef, e harmonizado com excelentes vinhos.

Terminamos nosso jantar cerca das 22:30, e retornamos ao hotel para descansarmos, e na manhã seguinte fecharmos as malas, nos preparando para a viagem.

Depois dos preparativos habituais, nos deitamos para um bom sono, que esperávamos nos descansasse até pela manhã, quando tomaríamos o farto café do hotel, e finalizaríamos nossos preparativos, para cerca das 15:00 horas, sairmos para o aeroporto. Nosso voo para o Rio estava marcado para as 18:30.

Durante a madrugada, acordei sentindo uma sensação desagradável, como se não houvesse feito bem a digestão, e estivesse cheio de gases. Isso se repetiu algumas vezes e, em cada uma delas eu levantava, caminhava pelo quarto, ia até o banheiro, mas a aparente má digestão não desaparecia. Depois de certo tempo, também surgiu uma dormência no braço direito, o que me deixou bem assustado.

Na última vez em que levantei, a Cristina (meu eterno anjo da guarda), percebendo que algo estranho acontecia, insistiu para que eu ligasse para o médico do Hotel, contasse o que estava sentindo e, escutasse a orientação que ele daria.

Foi o que me salvou, pois ao me atender e escutar o que se passava, ele sem qualquer hesitação disse:

- O senhor deve ir imediatamente para a emergência do Roosevelt Hospital. Pelos sintomas que está apresentando, deve estar com algum problema cardiológico. Vou ligar para a recepção do Hotel, para que providenciem um táxi. Se o senhor não descer em cinco minutos, vou mandar buscá-lo.

Imaginem o susto que tomei e o pavor que tomou conta de mim, sabendo que estava prestes a ir para a emergência de um hospital, de onde não sabia quando ou mesmo se voltaria, deixando a Cristina só em uma cidade fora do Brasil, e sem dominar o idioma.

Por outro lado, pensem no que sentiu a Cristina nessas condições, me vendo entrar em uma emergência hospitalar, e ser em seguida transferido para a unidade de cateterismo, com um pré-diagnostico de infarto, só sem ninguém conhecido, em um ambiente totalmente estranho, e com as dificuldades que já mencionei.

Foram momentos de aflição e enorme insegurança os que ela viveu naquele início de manhã, e, sinceramente, hoje me questiono sobre o quanto, esse incidente trágico influiu no que, anos depois veio a acontecer com ela, e penso em quanto de culpa me cabe, pelo estado em que ela se encontra.

Felizmente, Pedro, avisado por ela, chegou no dia seguinte a NY, para lhe trazer um pouco de segurança, lhe fazer companhia e ajudá-la nos procedimentos de negociação, com a companhia seguradora, que cobriu integralmente os custos com médicos e internação hospitalar. Foram custos elevados, totalmente cobertos pela Mastercard, que honrou de maneira admirável, e sem burocracias desnecessárias, o seu compromisso comigo como associado.

Por coincidência, também se encontrava em NY, o nosso primo Guilherme Acioli, filho de Severino e Graça, em passeio com o seu filho, também Pedro, que foi extremamente solidário conosco, e nos apoiou em tudo o que pode. Agradeço a ele e ao Pedro seu filho, pelo gesto de consideração e amizade.

No Rio de Janeiro, também contamos com o suporte inestimável do Fortunato, que imediatamente ao tomar conhecimento do fato, disponibilizou todos os recursos de que pudéssemos vir a necessitar, do ponto de vista material, e também do apoio das nossas queridas Lurinda,

Gracilete e Sonia, secretarias do Zona Sul, que atuaram durante todo o tempo, junto a companhia aérea e também junto a seguradora.

Agradeço a todos pela atenção e solidariedade que demonstraram e pelo que fizeram, para que tudo se resolvesse da melhor maneira possível, aliviando as aflições de todos nós, e particularmente da Cristina.

Saí do hospital, uma semana depois do acontecido, retornando ao Hotel para aguardar alguns dias, quando então voltaria a ser examinado pelos médicos, para que avaliassem minhas condições de fazer a viagem de volta ao Brasil. Felizmente, meu restabelecimento aconteceu como esperado e, com a frase "You're a survivor", o médico me liberou.

Viajamos para o Rio, dois dias depois da liberação. Partimos no final da tarde chegando pela manhã, finalmente voltando a sentir o conforto e a segurança de estarmos em casa. Apesar de tudo, havíamos juntos a Cristina, o Pedro e eu, conseguido superar aquela que certamente foi uma das mais angustiantes situações que alguém pode viver, qualquer que seja a análise que se faça do caso.

Mas infelizmente mais algumas surpresas desagradáveis, ainda me aguardavam, no decorrer do ano seguinte, o que aconteceu poucos dias depois do final de 2009. Na primeira delas, fui forçando a me hospitalizar, sob sério risco de morte, tendo sofrido uma parada cardíaca, e na segunda de forma preventiva, tendo que me submeter a uma cirurgia, para implante de "marca passo e desfibrilador".

Em cada um desses momentos, tomei consciência do quanto somos impotentes diante das doenças e, quanto são insignificantes os nossos bens materiais, quando caímos do pedestal em que nos colocamos, e encaramos a realidade dura, de reconhecermos as nossas fraquezas.

É comum que pessoas como eu, homem de negócios, detentor de grande poder sobre determinadas questões, no auge da minha carreira, exercendo o papel de Diretor de uma empresa reconhecida e elogiada por todos, nos tornemos cegos em relação a realidade, sempre considerando que qualquer coisa de mal possa acontecer aos outros, mas nunca a nós mesmos. Pensamos estar no alto de um enorme pedestal, e não nos apercebemos de que quanto mais subimos e nos imaginamos inatingíveis, mais forte e agressivo será o tombo que levaremos.

Aprendi isso pelo pior caminho, e ainda devo me dar por satisfeito por não ter morrido na ocasião. Por isso, recomendo a todos, que revejam suas atitudes perante a vida, enquanto ainda houver tempo para isso.

Sorte minha, de poder ter contado com a solidariedade de tantas pessoas amigas, e com o carinho e a atenção de Cristina e Pedro, que sempre estiveram ao meu lado, me trazendo alento e esperança para superar momentos tão difíceis.

Infelizmente, tenho certeza de que pagaram um preço por isso, experimentando os sentimentos de incerteza e insegurança, vividos nessas ocasiões, e cujas consequências nunca se sabe quais serão.

2010 a 2014 – A vida parecia voltar ao normal

A nossa vida parecia voltar ao normal, após esses novos fatos.

Eu voltei às minhas atividades no Zona Sul, embora já pensando em como e quando deveria iniciar o meu processo de retirada da empresa. Cristina voltou a sua Clínica Psicológica, atendendo regularmente os pacientes e o Pedro, tentando encontrar um rumo consistente pra sua vida.

Periodicamente visitava o Cardiologista, Dr. Claudio Domenico, para avaliar a minha situação e realizar os exames de praxe, que apresentavam resultados normais, se considerada a condição de alguém, que sofrera uma perda significativa, das funções do músculo cardíaco.

Rapidamente, fomos voltando às nossas atividades regulares, retomando as nossas viagens, idas a restaurantes, teatros, shows e cinemas. Cristina estava feliz com o Consultório, e a cada dia mais demonstrava a satisfação por ter seguido a carreira que escolhera.

Voltamos a fazer nossos almoços e jantares em casa, convidando amigos e parentes, apenas para reunir e conviver com as pessoas de quem gostamos, ou em comemoração de datas especiais.

Já era uma tradição realizarmos uma linda festa, nos dias de inauguração da "Arvore de Natal da Lagoa", em que convidávamos Chefs e Serviços de Buffet, para prepararem belos e saborosos jantares para os nossos convidados, que às vezes atingiam a casa das 50 pessoas, com comida e bebida de ótima qualidade e servidos à vontade.

Certa vez, a coisa ficou tão liberada, que comecei a receber na porta da nossa casa, pessoas que haviam sido convidadas por convidados, que eu nunca vira, mas que foram acolhidas, com a mesma alegria e simpatia com que tratávamos a todos.

    Cristina e eu adorávamos essas ocasiões, e Pedro posteriormente também passou a convidar amigos e pais de amigos, para usufruírem da festa, graças à boa localização do nosso apartamento, com um belo e confortável salão, e uma vista privilegiada da Lagoa Rodrigo de Freitas, onde aconteciam apresentações de cantores famosos, corais e orquestras, culminando com uma grande queima de fogos de artifício.

    Além do Natal, era bastante comum oferecermos festas, sempre encontrando razão para termos a "casa cheia", de amigos e parentes. Uma delas foi para comemoração de um dos aniversários do Pedro, quando ele pediu para prepararmos um jantar para os seus amigos.

    Foi um festão que depois, soubemos que tinha tido uma enorme importância pra sua vida, pois foi nesse dia que conheceu, e se aproximou da Ana Leticia, tornando-se namorados, e mantendo uma relação de muito amor e carinho, que espero tenha a mesma duração da minha com a Cristina.

    Contratamos um barman, especialista na preparação de "caipiroscas", e eu fui pra cozinha, feliz de poder oferecer ao meu filho e aos seus amigos, algo feito por mim mesmo, atendendo ao seu pedido.

    Com a ajuda de uma cozinheira que contratei, preparei a pedido dele, 3 rodadas de risoto de camarão e mais 3 rodadas de risoto de pato, além das sobremesas, que o pessoal adorou, e que fizeram com que ele ficasse muito feliz, o que pra mim foi uma grande recompensa.

    O trabalho foi grande, mas dele resultou o início da relação do Pedro com a nossa querida Ana Leticia que, se Deus permitir, em breve nos dará, a grande alegria, de ser a mãe dos nossos netinhos.

    Sendo o Pedro muito discreto, evitou falar a respeito do que estava se passando, mas era visível sua nova atitude, ansioso e com mais cuidado em se vestir. Dizia que tinha conhecido uma garota na sua festa, que ela era bastante interessante e que estavam dando os primeiros passos para um namoro, mas não queria comentários a respeito.

Enfim, certo dia me disse que haviam de fato começado a namorar, que estava gostando muito da sensação, e que estavam se dando muito bem. Poucos meses se passaram até que um dia nos apresentou nossa querida Ana Leticia, alguém com quem simpatizamos de imediato, e a quem com o passar do tempo, nos afeiçoamos como a uma filha.

Foi uma nova e feliz sensação, a de sabermos que o nosso filho querido havia encontrado o amor, e começava a viver a incrível experiência de se apaixonar, e começar a pensar mais seriamente no futuro.

2012 – Ganhamos uma filha

Ana Leticia entrou de uma maneira muito positiva em nossas vidas, pelas mãos do Pedro e a cada dia que se passa, a cada vez que nos vemos, a cada vez que nos falamos, nos conquista mais e mais, tornando-se a filha que não tivemos.

É uma pessoa doce e muito carinhosa, com o Pedro e conosco, e demonstra sempre muito cuidado com a Cristina, tendo sido ela que nos estimulou a procurar ajuda especializada, quando os primeiros sintomas, mais claros da doença começaram a aparecer.

Tem uma grande afinidade com o Pedro, e aos poucos está construindo sua carreira como profissional, numa área em que é muito bem vista, e respeitada por seus conhecimentos, e por sua dedicação.

Vejo nela uma semelhança bastante grande em relação a Cristina, no que diz respeito a motivação e ao estímulo, que tem dado ao Pedro para que ele estude, se sinta mais seguro e enfrente os desafios da vida profissional.

Assim é, sem dúvida a melhor companheira e parceira que ele poderia encontrar para formar a sua família. Detalhe importante é que se tratam com muito respeito e preservam suas opiniões e individualidades, vivendo juntos e compartilhando a mesma casa, como hoje estão.

Fico muito feliz em saber que nosso filho está muito bem acompanhado e que a distância física que nos separa, tendo ele continuado a viver no Rio de Janeiro, é do ponto de vista emocional, compensada pela presença dela.

Também entre nós e os familiares de Ana Leticia, aconteceu uma imediata empatia. Sua mãe Cinthya adora o Pedro, a ponto de dizer que o considera um filho e que tem dele toda atenção e apoio.

Já o pai Otávio é uma excelente figura, e rapidamente nos tornamos amigos. Vez por outra quando ainda estávamos no Rio, íamos a uma casa que tem em Itaipava, onde nos divertíamos muito, comendo, bebendo e conversando. Ele também tem uma grande amizade e carinho e respeito pelo Pedro.

Lembro bem de uma frase dele, na primeira vez em que nos encontramos, quando disse: "vamos fazer de tudo pra que eles (Pedro e Ana Leticia) deem certo", no que, claro, contou com minha total concordância.

Recentemente, coroou a felicidade da família, o nascimento do Joaquim, filho do Felipe e da Silvia (irmão e cunhada de Ana Leticia), uma criança encantadora, inteligente e alegre, que se transformou na alegria de todos. Pedro e Ana Leticia são os tios mais "corujas" que já conheci. Espero que estejam treinando, para em breve nos darem um netinho ou uma netinha.

Essas foram questões de enorme importância, principalmente para alguém com as caraterísticas do Pedro, cuja personalidade requer convivência familiar, que encontrou na Ana Leticia, seus pais, tios, irmão e cunhada, uma nova família, onde se sente totalmente integrado e seguro.

Claro que para transformar tudo isso em uma realidade ainda mais feliz, esperamos que um dia, chegue nosso(s) neto(s) ou neta(s). Será o céu para Cristina que é fascinada por crianças e claro, para mim também, que quero ter o prazer de ver o meu filho vivendo a mesma emoção, alegria e felicidade de ser pai, que eu experimentei no dia em que ele chegou.

Encerro agora a narrativa dos tempos alegres e cheios de felicidade que marcaram os primeiros 40 anos do nosso casamento, para iniciar a segunda parte desse relato. Uma etapa cheia de surpresas e notícias tristes, de enfrentamento de um adversário impossível de ser vencido, do início de uma vida solitária, mesmo estando ao lado da minha mulher e, da busca constante de motivação para não desistir.

Um tempo de cuidados e atenção redobrados, em que qualquer pequena manifestação que fuja do estado normal, preocupa e aflige, onde é necessário adivinhar pensamentos e encontrar a cada dia novas formas para proporcionar a ela tudo o que me for possível em alegrias e bem-estar.

O tempo em que, de fato se inicia a "Jornada da Desesperança", e que só é possível enfrentar com muita dedicação, carinho e amor verdadeiro.

2014 – Os primeiros sintomas

Como já relatei, ao descrever o estilo de vida que levávamos, Cristina assumiu desde o início da nossa relação, o papel de administradora da casa, em que se ocupava de tudo o que dizia respeito a relações com bancos, aplicações, investimentos, pagamentos, negociações com imobiliárias para aluguel, compra ou venda dos nossos imóveis etc. e, após a chegada do nosso filho, também a importantíssima função de principal orientadora da sua formação.

Por outro lado, eu me ocupava em prover os recursos necessários a isso, e a parte vamos dizer, "recreativa" da vida da nossa pequena família, programando viagens, passeios, almoços, jantares etc.

Há cerca de cinco (5) anos, no entanto, alguns fatos estranhos começaram a ocorrer, mas a essa altura dos acontecimento, ainda os considerávamos como fruto da forma distraída e meio despreocupada com que Cristina encarava a vida, apesar de ser uma pessoa extremamente responsável e cumpridora das suas obrigações.

Nesta época tínhamos dois carros, ficando o mais confortável com ela, e comigo o carro de trabalho. Tínhamos uma conta única de cartão de crédito e ela, como recebia das minhas mãos, praticamente todo o dinheiro que me chegava, além de valores que recebíamos referentes a aluguéis. Se encarregava de fazer todas as movimentações, administrando junto aos bancos e instituições, retiradas, aplicações, investimentos e quaisquer outras operações que desejasse, sem qualquer interferência de minha parte.

Começaram então a acontecer casos, em que ela ia a locais dirigindo, e retornava para casa a pé ou de táxi, porque simplesmente havia esquecido que o carro estava com ela.

Já no que diz respeito a compras, por diversas vezes esqueceu nas lojas, nos táxis ou em outros locais o que havia comprado, o que causava a perda pura e simples dos objetos adquiridos, com os consequentes prejuízos que isso nos acarretava.

Nessa mesma época ainda, por algumas vezes tive que socorrê-la, ao esquecer a senha do cartão de crédito.

Em outras ocasiões, em viagens que fizemos, ao chegarmos ao hotel ela percebia haver esquecido de levar roupas íntimas ou mesmo calças, blusas, sapatos, etc. Certa vez em uma ida a Búzios, tivemos que comprar praticamente todo um novo guarda-roupa, pois ela havia esquecido de levar a mala, viajando apenas com a roupa e as sandálias que estava vestindo.

Os sintomas começavam a se manifestar aqui e ali, mas como disse, sempre os preferimos encarar como "distrações ou até mesmo situações divertidas", às quais não dávamos grande importância.

Houve inclusive ocasiões em que, para não a ver entristecida ou constrangida pela perda, voltei com ela às lojas para fazer uma compra idêntica dos produtos que haviam sido perdidos.

Imagino que vendedores inescrupulosos, percebendo a insegurança e indecisão dela, além do fato de ter em mãos um cartão de crédito, que a liberava para um uso praticamente ilimitado, por várias vezes se aproveitaram e fizeram-na comprar, bem além do que precisava ou desejava.

Fazer compras compulsivamente e muitas vezes de produtos dos quais não necessitava, jamais foi uma característica da Cristina. Ao contrário, ela sempre foi muito comedida em seus gastos, o que fazia com que eu muitas vezes, fizesse brincadeiras e dissesse que ela era como toda a sua família, uma pessoa de "mão fechada".

Essa mudança radical do seu comportamento já denotava algo de estranho, mas continuei não dando valor, aos sinais que se manifestavam a cada dia que passava.

A verdade é que os sintomas da doença começavam a se manifestar aqui e ali, mas como disse, sempre os preferimos encarar como "distrações ou até mesmo situações divertidas", às quais não dávamos grande importância.

No entanto, como ela ao mesmo tempo começou a se queixar de dores no estômago, enjoos e outros incômodos desse tipo, preferimos dirigir nossa atenção ao que nos parecia mais comum e fácil de identificar, além de menos assustador que um problema emocional.

Por duas vezes, apresentou quadros mais agudos de indisposição, chegando mesmo a ser internada, quando retornamos de viagens ao Marrocos e ao Peru. Creditávamos tudo ao fato de, nas viagens, comermos em mercados e nas ruas, as comidas e frutas locais.

Diante disso, passamos a consultar especialistas em problemas dessa natureza e por solicitação deles, ela fez uma enorme quantidade de exames, entre endoscopias, colonoscopias, tomografias, biópsias etc., na tentativa de identificar a origem dos incômodos, mas nada era constatado, do ponto de vista do seu organismo, que segundo os resultados indicavam, funcionava perfeitamente. Chegou mesmo a passar por uma biópsia, no entanto nada de anormal foi detectado.

Na verdade, estávamos girando em círculos, tentando encontrar a causa dos seus incômodos em questões do organismo, quando o que ela sentia, já era certamente influenciado pela corrosão que vinha atingindo suas funções cerebrais e seu estado emocional.

Certa vez, um caso grave e que me assustou bastante, ocorreu por ocasião de uma ida minha a São Paulo a trabalho e na qual, para evitar os inevitáveis conflitos, que aconteciam nestes momentos, convidei-a a me acompanhar. Nos hospedamos em um hotel e enquanto eu saía para trabalhar, ela ia visitar sobrinhos ou o irmão e a cunhada, que moram na cidade, ou mesmo ia a um shopping fazer compras.

Uma ocasião, ao voltar do trabalho para ao hotel, já a noitinha, ela ainda não havia chegado. Esperei por um bom tempo e, como ela não retornava, liguei para o celular, e ela felizmente atendeu – logo depois desse fato ela começou a ter dificuldade em usar o celular e hoje já não mais consegue manuseá-lo, mesmo para os usos mais simples – e me disse que estava em um táxi já há várias horas, rodando por São Paulo, pois não lembrava qual era o hotel, e muito menos sabia do seu endereço.

Depois disso, tudo começou a se precipitar, e tornaram-se cada vez mais frequentes os esquecimentos em pagar as contas da casa, em comparecer a compromissos agendados com amigas, e a cumprir a agenda de consultas e atendimento aos clientes.

A doença começava a se instalar e, a partir dessa constatação, começamos efetivamente a encarar a realidade, assumindo que alguma coisa muito grave se passava, e que precisávamos tomar providencias sérias a respeito.

Isso porque, até aquela ocasião, nossa reação era a de negar as razões que levavam a tais acontecimentos, pela dificuldade em aceitarmos que já acometia a nossa querida Cristina, um mal cujas consequências tinham como terrível característica, a perda progressiva da memória.

Foi muito triste aceitarmos a rotina de idas aos médicos, da realização de exames e de, a cada vez ouvirmos a verdade, que gostaríamos de nunca havermos escutado.

Nesse período foi extraordinário o suporte emocional e material, que me proporcionou o nosso filho Pedro, que percebendo a minha dificuldade em assumir a situação, ocupou-se da busca por médicos e especialistas, de levá-la para os exames, de compreender melhor o que acontecia, e encontrar formas de minimizar o sofrimento, dela e da nossa pequena família.

Ana Leticia e todos da sua família se mostraram totalmente solidários a nossa aflição e sofrimento, e nos ajudaram muito, indicando médicos para que pudéssemos levá-la. Eu, pelo pavor que tinha de ver confirmada a situação, continuei resistindo em acompanhá-la a qualquer consulta, com essa finalidade.

Foi mais uma vez o Pedro, que a levou pela primeira vez ao médico, um psiquiatra indicado pela família da Ana Leticia. Também foi dele a iniciativa de me fazer ir ao meu cardiologista quase à força, para relatar-lhe a situação e pedir-lhe alguma orientação sobre como proceder, para que eu mesmo, pudesse suportar as dificuldades que teria de enfrentar.

Foi ainda a ele, que naquela ocasião de total instabilidade emocional recorri, na busca do apoio de que necessitava para enfrentar a situação, ocupando-o da administração, de tudo o que dizia respeito a nossa vida econômico-financeira, ocasião em que assumiu uma postura exemplar, tanto no terreno dos assuntos materiais, quanto no que dizia respeito ao suporte humano, carinho e atenção de que tanto necessitei e, ainda necessito.

Não sei como agradecer ao Pedro por essa atitude, mas tento em todas as circunstâncias e ocasiões, demonstrar-lhe meu bem querer, e a enorme importância que sua presença tem para mim.

Tento evitar, colocar sobre seus ombros uma responsabilidade além do suportável, pois compreendo que sou eu e não ele, que devo assumir todas as obrigações, seja por gratidão a tudo que a Cristina representou em minha vida, seja pelo puro amor e carinho que sempre senti, e continuo sentindo por ela.

Não posso também exigir dele, um esforço maior que o que já faz e uma dedicação e carinho maiores dos que nos demonstra, pois ele tem toda uma vida para viver com sua querida Ana Leticia, e não considero justo que eles abram mão da sua felicidade, para nos acompanharem no nosso infortúnio.

2015 a 2016 - O diagnóstico

Lembro agora aquele triste dia de 2015, quando, retornamos do consultório do Neurologista, com o diagnóstico de "Perda da Memória Cognitiva", com progressão para o "Mal de Alzheimer", estabelecido após uma série de exames e testes a que Cristina foi submetida.

Isso aconteceu, depois de um sem número de consultas, exames de toda natureza, busca de opiniões, testes e tentativas de solução para os males de que ela se queixava (antes de descoberta a real causa dos seus problemas), via tratamentos diversos com medicamentos, e até mesmo a sugestão de contratarmos nutricionistas, para elaboração de uma dieta especial.

Uma rotina que representa uma enorme tortura, tanto para a própria pessoa, quanto para quem acompanha o seu dia-a-dia. Ver a Cristina, uma pessoa ainda jovem, cheia de vontade de viver, e de usufruir de um futuro de alegrias e felicidade, que planejamos e lutamos para alcançar, foi para mim, algo devastador.

Eu e Pedro, estávamos entre, incrédulos, chocados e tristes com a notícia, pois até aquela data, não queríamos aceitar que aquela fosse, de fato a realidade. Infelizmente, não havia mais o que questionar.

O diagnóstico era conclusivo e as reações que ela vinha apresentando pouco a pouco, tornando-a mais e mais apática, desinteressada e incapaz de participar de conversas, ou mesmo de externar suas opiniões, não nos permitiam mais alimentar qualquer esperança.

Minha Cristina, minha linda e amada Cristina, transformava-se em uma chama que, pouco a pouco se apagava, um ser distante, dependente e incapaz de cumprir sem auxílio de outros, as suas necessidades mais elementares, ou assumir quaisquer responsabilidades ou obrigações.

A partir dessa constatação, a única atitude que nos coube foi redobrar os cuidados com ela, cada vez mais tratá-la com delicadeza e carinho, e acompanharmos todos os seus passos, não a deixando só por nem mais um minuto, conscientes das suas limitações e dos riscos, que uma mínima distração ou desatenção poderiam representar.

Neste momento, seu acompanhamento médico passou efetivamente, a ser feito por um neurologista, sem deixarmos de recorrer também a psiquiatras e psicólogos.

Além disso, e por aconselhamento dos próprios médicos, contratamos profissionais, que atuassem como cuidadores, para que ela fosse acompanhada em todos os seus movimentos, pela preocupação que sempre tivemos, com escorregões, desequilíbrios, quedas, etc.

Chegamos a ter uma motorista/cuidadora, que além de acompanhá-la, dirigia o carro, levando-a para passeios e visitas, quando tinha disposição e interesse em sair. Mesmo esse tipo de distração, no entanto, rapidamente começou a ser desprezado por ela, que se mostrava indisposta para sair de casa, qualquer que fosse a razão.

Desejava apenas ficar quietinha, deitada, sem que ninguém a perturbasse, se isolando no seu mundo e evitando contato com qualquer pessoa. Começou também a demonstrar uma crescente falta de vontade para se alimentar, fazendo-o quase mecanicamente, mas, sem demonstrar nenhum prazer.

2016 – Cuidados e atenção redobrados

Em função do próprio diagnóstico, por recomendação dos médicos, já há algum tempo procurávamos achar argumentos, para fazer com que Cristina fosse aos poucos abandonando suas funções, e deixasse de fazer outras atividades, como os simples atos de dirigir ou sair só, mesmo diante de muita resistência por parte dela.

A perda mais sentida, e em relação a qual ela ofereceu maior resistência, foi quando precisou deixar de ir ao Consultório. Foi o momento mais delicado e doloroso para nós, pois notamos que ela sofreu bastante naquela ocasião.

Por isso mesmo, protelamos por algum tempo essa decisão, no entanto sabíamos que, mais dia menos dia teria que acontecer, até que ela esqueceu o assunto e pudemos levar adiante as providencias para que se concretizasse.

A nossa vida, e claro, muito mais a minha que a do Pedro, começou a sofrer uma modificação radical de hábitos, e da possibilidade de termos alguma liberdade, para nos afastarmos dela.

Isso transformou-se também em uma limitação até para meu trabalho, apenas havendo ainda uma hesitante aceitação por parte dela, no caso em que minhas ausências de casa fossem por um curto período, que não ultrapassasse um dia ou menos que isso.

Por outro lado, notamos que a cada momento que passava, aumentava nela a indiferença e o desanimo, recusando-se a sair para qualquer lugar, bem como a sua impossibilidade crescente, para acompanhar o que se passava e, a falta total de interesse por qualquer tipo de atividade, consequência da própria dificuldade em se relacionar.

Isso foi pouco a pouco, me levando a abandonar uma série de hábitos, que para nós antes eram muito prazerosos, como ir a teatro ou ao cinema, fazermos viagens no Brasil e ao exterior, participarmos e oferecermos almoços e jantares, frequentarmos degustações e outros eventos.

Passamos praticamente a resumir nossas vidas, a saídas com Carlos e Virginia, cunhado e irmã de Cristina, que devo ressaltar, sempre foram de uma bondade, paciência e dedicação acima do que se podia esperar, e que buscavam estar próximos em todas as ocasiões, tentando estimulá-la para que se animasse e se divertisse.

Sempre nos chamavam para acompanhá-los, fosse para irmos ao cinema no clube Piraquê, do qual são sócios, para comermos uma pizza ou até, no caso de Virginia, para acompanhá-la à missa.

Mesmo as idas ao almoço semanal, na casa da "Tia Maria Helena", ao qual compareciam várias primas e outras amigas e que, de início ela frequentava com enorme prazer, começaram a se tornar, um motivo de aflição e dificuldade.

Muitas vezes recusava-se a ir ou quando ia era quase forçada por nós, pois por sua vontade, ficaria em casa, sem fazer nada, apenas deitada.

Certamente, inteligente como sempre foi mesmo atacada pelos efeitos da doença, começou a perceber que não mais conseguia participar das conversas, retraindo-se e fugindo da convivência com todos em função disso. Visivelmente, só se sentia bem no conforto da nossa casa, muito quieta, praticamente sem falar.

A mim me restou apenas continuar, no cumprimento das minhas obrigações profissionais, dentro do que era possível, em função da sua exigência, em relação a minha presença durante todo o tempo, e da aflição e ansiedade que a dominavam, quando isso acontecia além do tempo que ela considera aceitável.

Em algumas ocasiões ao voltar para casa, a encontrei em prantos, chorando convulsivamente e só se acalmando com a minha chegada e com a minha promessa, de que não mais sairia naquele dia.

Por outro lado, naturalmente aumentaram significativamente as idas a médicos, laboratórios de exames e clínicas, que em certas ocasiões, também a deixavam muito aflita, pela demora do atendimento que sempre acontece nesses lugares.

Voltando no entanto, a Cristina, infelizmente, apesar dos médicos que consultamos, alguns considerados os melhores na sua especialidade, nenhum grande progresso ou melhora acontecia, e nenhuma esperança maior nos era dada.

A nós restava apenas continuar observando, seu crescente desinteresse em relação a tudo, e a dificuldade para auto administrar as suas necessidades, mesmo as mais básicas, ai compreendidas as questões de asseio e higiene, buscando encontrar meios para proporciona-lhe as melhores condições de vida possíveis.

No caso dos médicos, nunca foi levantada por parte deles, qualquer hipótese de regressão da doença, apenas limitando-se suas orientações, a tentativa de manter estável sua condição e retardar ao máximo a evolução do mal.

Mesmo assim, em algumas vezes, ainda tentei insistir em levá-la para passar alguns dias em hotéis, algo de que ela sempre gostou. Fazíamos pequenas viagens/passeios para fins de semana, em cidades do interior do Rio, como Petrópolis, Itaipava, ou para o litoral, como Búzios, Angra e Parati.

Fazíamos isso em fins de semana, indo de carro e ficando hospedados em hotéis que anteriormente já havíamos utilizado, e que eu sabia que tinham um elevado padrão de conforto e boa comida, onde eu esperava que ela relembrasse os bons momentos que neles, já havíamos vivido.

Em uma dessas ocasiões ficou claro que mesmo este tipo de programa, não seria mais possível acontecer. Ocorreu em uma pousada das mais conhecidas e luxuosas do interior do Rio, onde fomos passar o fim de semana.

Aconteceu em uma ocasião em que por pouco não passamos por um grande constrangimento, quando ela utilizou as toalhas de banho, para fazer sua higiene, sendo preciso que eu passasse várias horas à noite lavando as toalhas, para reduzir a situação precária, em que haviam ficado.

Mesmo que essas hospedagens acontecessem em casas de amigos, como aconteceu certa vez, ao nos hospedarmos na casa de Waldemir e Adalucia (aqueles amigos que mencionei, como nossos cupidos), e pouco minutos após havermos chegado, antes mesmo de nos acomodarmos, ela passou a insistir em voltarmos para nossa casa pois, se recusava a ficar no que ela chamava de "esse lugar que não é a minha casa".

Ficava cada vez mais claro, que esse tipo de passeio, com a necessidade de dormir fora da nossa casa, era cada vez menos possível, mesmo se fosse para a casa de amigos e parentes.

Terminei então por compreender e me resignar, em restringir essas saídas, e só pensando nessa hipótese, nos casos em que estivéssemos acompanhados por cuidadoras, ou por alguém que pudesse auxiliá-la.

Nessas ocasiões, só me restava manter a calma e, utilizando de toda a paciência, compreender que a falta de autonomia e a insegurança que ela demonstrava, eram fruto dessa terrível doença, que a deixavam ansiosa e incapaz de reagir com tranquilidade, quando se percebia em ambientes aos quais não estava habituada. O jeito era ceder, e atender ao que ela desejava, sem insistir ou questionar.

2017 – Acidentes inesperados, agravam a situação

Nos últimos meses de 2016, ainda no Rio, ao descermos as escadas de um mall, onde sempre íamos, pois lá ficava o salão onde ela fazia o cabelo, a Cristina sofreu um tropeção e levou uma queda que provocou a fratura do punho da mão esquerda.

Não entendi muito bem o que havia se passado, porque eu já estava alguns lances de escada adiantado, quando escutei seu grito e chamado e retornei para ajudá-la. Hoje, tudo me leva a pensar que, mais uma vez era a doença, que se manifestava em perda de equilíbrio, ou tonturas inesperadas.

Dali partimos imediatamente a procura de um Ortopedista, que ao examiná-la, constatou a fratura, que foi imediatamente corrigida e engessada para recuperação.

Ela ficou muito sofrida e queixava-se constantemente de dores, mas não havia nada a fazer, a não ser aguardar a recuperação, o que demorou cerca de um mês e meio. Depois disso, passou a fazer uma serie de sessões de fisioterapia, para tentar recuperar os movimentos, mas isso nunca aconteceu plenamente.

Ela já havia perdido parte da sua coordenação, não conseguindo mais atender as orientações dadas pela fisioterapeuta, e não acertando em fazer os exercícios que lhe eram recomendados.

No início de 2017, como fazíamos praticamente todos os anos, decidimos (na verdade já era eu que decidia tudo) que viríamos passar o período carnavalesco em Recife, na casa da minha cunhada e irmã da Cristina, em uma praia próxima a Porto de Galinhas.

No final de 2016, seu marido e para mim mais que cunhado, um amigo e irmão, Euclides, havia falecido e nos deixado a todos muito abalados, por ser uma pessoa muito querida, e um ser humano admirável em todos os sentidos.

Sua perda foi muito lamentada e, até mesmo por isso, decidi não mudar a nossa rotina, como forma de demonstrar apoio e atenção para com Ângela, irmã da Cristina, e com nossos sobrinhos.

Foi assim, que chegamos ao Recife, poucos dias antes do início do Carnaval, e seguimos para Toquinho, esse é o nome da praia, onde pretendíamos permanecer até o final do período carnavalesco.

Tudo corria bem, até uma manhã em que, pouco depois de acordar, Cristina se dirigiu ao banheiro para fazer sua higiene matinal. Sempre estando ao seu lado, percebi que ela apresentava uns ruídos estranhos, mas como isso era algo que ia e vinha muito rápido, não levei em conta, esperando que ela terminasse, de escovar os dentes e lavar o rosto.

Repentinamente, para minha surpresa, os ruídos se intensificaram e se transformaram em um ronco grosso, ao mesmo tempo em que ela perdeu completamente o controle sobre si mesma, e começou a cair, com o corpo enrijecido e sem apresentar qualquer reação

Cristina sofreu uma forte crise convulsiva e, com a porta do quarto fechada, meus gritos por socorro e ajuda, não eram escutados. Não sei quanto tempo decorreu entre o início da convulsão e a chegada de alguém, mas a minha percepção é de que o socorro demorou uma eternidade.

É uma cena horrível, para quem nunca assistiu, quando a pessoa se debate e enrijece totalmente, os olhos ficam fixos e a boca travada. Ver minha mulher nesse estado, sem ser capaz de socorrê-la, foi algo desesperador.

Imediatamente, após retornar do momento mais agudo do quadro, já com assistência de médicos, amigos e parentes, foi providenciada sua remoção para um Hospital em Recife, o que fizemos levados por Paulinho, nosso sobrinho e afilhado de casamento, a quem queremos muito bem.

Ao chegarmos ao Hospital Santa Joana, que aliás recebeu a Cristina com grande eficiência, providenciando imediatamente sua internação e prestando-lhe os primeiros cuidados necessários, ela foi atendida pelo Dr. Fernando Macena, e que demonstra exercer a medicina como uma missão, que deve ser exercida, por quem possui, além de qualquer coisa, um grande respeito pelo ser humano.

Infelizmente, pessoas assim são cada vez mais raras de se encontrar, mas ainda existem, pois temos tido vários exemplos de profissionais de saúde, com comportamento semelhante, desde que iniciamos nossa difícil caminhada em direção ao desconhecido. Mencionarei alguns desses exemplos de seres humanos, ao longo desta narrativa.

Rapidamente, após examinada por ele, que já identificara a existência de uma fratura, Cristina foi encaminhada para os exames, que comprovaram o diagnostico a que ele havia chegado, e a extensão e a gravidade do que havia acontecido, indicando a necessidade de uma cirurgia, que devia ser realizada o mais rápido possível.

Diante disso, já no dia seguinte, foi realizada a primeira cirurgia, na qual foi implantada uma prótese metálica em seu ombro, que era a única forma de corrigir as múltiplas fraturas, que ela havia sofrido. Para agravar o quadro, Cristina já há bastante tempo, vinha tomando medicamentos para combater a "Osteoporose" de que era portadora, tornando muito frágeis os seus ossos.

Para realização dos exames, a que teve que se submeter, foi necessário anestesiá-la, pois em função do seu estado emocional, não havia como fazer com que ela ficasse imóvel o que, como se sabe, é essencial, para que haja a precisão necessária das imagens a serem tomadas.

A cirurgia foi demorada, e o tempo que ela passou sob os efeitos da nova anestesia, mais um fator, para provocar sequelas em seu estado emocional, cujos reflexos foram noites mal dormidas, insegurança, ansiedade e inquietação, durante as noites em que esteve no hospital.

Concluído o período de recuperação hospitalar, da cirurgia para recuperação do ombro, ela recebeu alta, e nos transferimos do hospital, para a casa de Neves e João, onde devíamos aguardar mais algum tempo em observação, para podermos retornar ao Rio.

Durante esses dias, ela voltou novamente a se queixar de dores, desta vez nas costas, apresentando resistência e chorando muito, todas asvezes em que ia se deitar. Já apresentando dificuldade em se expressar, ela não conseguia dizer claramente, de onde vinham as dores, mas estava claro que algo de anormal acontecia.

Diante da situação, recorri novamente ao Dr. Macena, que me orientou voltar com ela ao hospital, para a realização de novos exames, agora com foco diretamente no local onde aconteciam as novas dores. Foi mais uma bateria de exames a que ela precisou ser submetida, como anteriormente, sendo necessário para isso o uso de anestesia.

Mais uma bateria de exames, mais uma carga de anestesias, mais impaciência e ansiedade da parte dela.

Infelizmente, os resultados voltaram a detectar novas fraturas, desta vez de duas vertebras o que, como efeito colateral pressionava a medula, e trazia o risco de rompê-la, o que poderia ter consequências imprevisíveis, para sua capacidade de locomoção, ou até mesmo submete-la a risco de vida.

Foi então recomendada, a realização imediata de uma nova cirurgia, para que fosse corrigida a fratura da coluna.

Para realizá-la, o Dr. Macena indicou o Dr. André Flavio, outro ser humano admirável, que dignifica o exercício da medicina, além da competência técnica que possui, em sua área de especialidade, e que também se mostrou extremamente carinhoso e delicado com a Cristina.

Foram eles os "anjos da guarda" da minha querida mulher, e serei eternamente grato e reconhecido, pela maneira com que se interessaram, e acompanharam o caso, além de haverem dado solução a situação delicada que ela viveu.

    A operação da coluna foi mais uma cirurgia difícil, mais dias internada no hospital e mais noites insones, permeadas por crises de ansiedade e pelas dores resultantes dos procedimentos. Passados os dias de recuperação e recebida a liberação do médico, fomos pra casa de Ângela, pois Neves estava viajando.

    Para mim, que estive com ela praticamente durante todo o tempo, foram mais noites de enorme angústia e insegurança, não sabendo bem o que fazer, e tendo constantemente que recorrer ao auxílio das enfermeiras e dos médicos, para conseguir tranquiliza-la e fazê-la relaxar.

    Não posso esquecer o apoio que recebi do Pedro, que veio do Rio, para ficar com ela e da Ângela, sua irmã, que dormiram algumas noites no hospital, quando eu conseguia, em casa de Neves ou de Angela que nos hospedavam, relaxar, dormir e descansar um pouco.

    Passado o período de recuperação no hospital, Cristina recebeu alta e como disse, de lá fomos para a casa de Ângela, onde como sempre, fomos recebidos com toda a atenção e delicadeza, tendo ela cedido o seu próprio quarto para nos acomodarmos, com todo o conforto e comodidade.

    Por vários dias, ficamos hospedados lá, com Ângela e Luciana (nossa sobrinha), se desdobrando para nos oferecerem toda a atenção e carinho, e não medindo esforços para que nos sentíssemos à vontade.

    Finalmente, depois de quase um mês de idas e vindas aos médicos, aos hospitais e aos locais de realização dos exames, fomos liberados para retornarmos a nossa casa no Rio.

    Àquela altura, eu já havia tomado a decisão de voltarmos a viver no Recife, o que imaginava seria o melhor para ela, por termos na cidade a maior parte da nossa família, suas irmãs, meu irmão, meus primos e suas esposas, nossos sobrinhos e amigos do nosso passado.

Começamos então a tomar todas as providencias para a mudança o que, depois de cerca de um mês conseguimos finalizar, e dessa forma triste e forçada, nos despedimos dos mais de 30 anos de vida no Rio, deixando lá parentes, amigos e principalmente, o nosso querido Pedro, que por razões óbvias, não nos acompanhou.

Encerrava-se o nosso sonho da Cidade Maravilhosa, dos dias que desfrutamos de todas as belezas do Rio de Janeiro, das lindas festas que promovíamos em nosso apartamento, da convivência diária com o nosso Pedro e da proximidade de amigos e parentes queridos, não porque assim desejássemos, mas de uma maneira abrupta e trágica, que transformou a forma alegre e espontânea, pela qual esperei que isso acontecesse, em uma brutal imposição do destino.

2017 – Retorno ao Recife

Ha alguns anos, mesmo antes do início da doença da Cristina, eu já vinha pensando em voltar ao Recife, para passar na cidade em que nascemos, o que considero a última fase das nossas vidas.

Sou um nordestino, pernambucano e recifense, que nunca abandonou o seu berço, ama e se orgulha da cultura da sua terra, e que ostenta todas as marcas e características dessa condição. Essa inclusive, foi uma das principais razões da dificuldade para me adaptar a São Paulo, sobre o que já falei anteriormente.

Infelizmente reafirmo, nosso retorno aconteceu, não de forma espontânea e planejada, como eu desejava, mas por imposição das circunstâncias que todos já conhecem.

Foi assim que, logo que Cristina saiu do hospital, procurei buscar um local confortável e conveniente, onde pudéssemos vir a morar, o que felizmente encontrei, no mesmo edifício em que moram João e Neves.

Um belo apartamento, amplo e claro, iluminado pela luz natural do dia, em um edifício em frente ao mar, e dentro das condições que eu desejava.

Retornamos ao Rio onde ainda passamos cerca de um mês, resolvendo pendências, solucionando a questão do desligamento dos empregados, e preparando tudo para a mudança.

Chegamos definitivamente de volta ao Recife, no início de abril de 2017, e mais uma vez usufruímos da generosidade de Neves e João para, muito bem hospedados no apartamento deles, podermos preparar adequadamente o lugar onde iríamos morar.

Para isso, contei com a inestimável contribuição e apoio do Carlos, meu cunhado, um verdadeiro "factotum", um "faz tudo", que tem uma enorme capacidade de lidar com tudo o que diga respeito a instalação de uma casa, além de uma enorme boa vontade em ajudar, e da Virginia, sua mulher e irmã de Cristina.

Foi ele que resolveu os problemas de instalação de aparelhos elétricos, ligações de agua, instalação de filtros, chuveiro, enfim solucionou todas as pendências que haviam, e depois da chegada dos quadros e móveis, ainda se encarregou junto com Virginia, de colocá-los nas paredes, coisa que eu jamais conseguiria, por não ter qualquer habilidade manual.

Assim, após chegada da mudança, rapidamente foi dada ao novo apartamento, uma feição bastante parecida com a da nossa casa no Rio, com quadros, peças de arte e móveis dispostos de forma a fazer com que a Cristina se sentisse em um ambiente mais ou menos conhecido.

Como se sabe, essas providências são essenciais para a estabilidade da pessoa que padece deste tipo de mal, para que aconteça um mínimo de reconhecimento das coisas e do ambiente com o qual sempre conviveu, embora seja inevitável que alguma ruptura aconteça, causando-lhe desconforto e estranhamento.

Mesmo com todos os esforços feitos, isso aconteceu com ela, e só depois de bastante tempo desapareceu, no entanto vez por outra ainda se manifesta, quando ela apresenta alguma insegurança, ou algum fato a tira da estabilidade. Nessas ocasiões é comum ela chorar e exclamar "minha casa não é aqui, isso não é a minha casa".

São momentos muito tristes para mim, e certamente também para ela, em que é necessário ter muita paciência e carinho, tentando compreender as razões para essas reações, abraçá-la com toda a ternura, e aguardar que se acalme. O essencial é fazer com que ela se sinta novamente segura.

Normalmente, um pouco de repouso e alguns minutos de sono, tendo junto a minha presença são suficientes para debelar o mal-estar que sente, e trazer novamente a sua tranquilidade.

Pouco depois de havermos nos mudado para o nosso próprio apartamento, começaram a aparecer nela sintomas de depressão, que são razoavelmente comuns em casos como o dela mas que, como é sabido, necessitam todo o cuidado e atenção.

Felizmente o neurologista que passou a acompanha-la, desde os primeiros dias, aqui em Recife, o Dr. Igor Bruski, um profissional, que apesar de jovem, é muito respeitado em sua especialidade e muito atencioso pessoalmente, acertou em cheio com a medicação que indicou, e esses sinais praticamente desapareceram, só muito raramente voltando a surgir.

Passados hoje cerca de dois anos do nosso Retorno ao Recife, Cristina encontra-se em uma condição relativamente estabilizada, sem que a doença progrida de forma muito acelerada, apesar de alternar dias em que está mais alegre, mais descontraída e visivelmente mais feliz, e outros em que permanece mais quietinha, mais fechada em seu pequeno mundo, e sem apresentar grandes reações.

Logo no início de 2018, por recomendação do Dr. André Flavio, foram iniciadas seções para aplicação de terapias voltadas a reabilitação da coluna. Concluídas as aplicações, iniciou-se a prática semanal dos exercícios de Pilates, o que lhe faz bastante bem e traz como benefício adicional a convivência dela com senhoras muito delicadas e que a tratam com muito carinho.

Para os exercícios de Pilates, ela frequenta a Reabilita, uma ótima clínica, dirigida pela Dra. Roseane Abreu, onde além de tudo, é muito querida pelas demais frequentadoras e recebida com toda a atenção, pela Dra. Roseane e pela Cleyde, sua assistente.

No que se refere a coluna, foi impressionante o resultado obtido, com ela ficando totalmente livre de qualquer dor ou incômodo. Já quanto a prática do Pilates, transformou-se em uma rotina prazerosa pra ela, que encontra pessoas agradáveis e volta de lá sempre alegre e renovada.

Sou muito reconhecido a Cleyde e a Dra. Roseane, pela forma afetuosa como tratam a Cristina, fazendo com que ela se sinta bem e lhe trazendo alegria durante os momentos em que ela está na clínica, o que se reflete também no seu dia-a-dia.

Por outro lado, atendendo a recomendações do Dr. Igor e com a inestimável ajuda da Daniela nossa vizinha, a quem sou muito agradecido, iniciou sessões de terapia ocupacional, sob o acompanhamento da Dra. Zélia de Paula uma pessoa que, além de profissional competente, trata a Cristina com uma delicadeza e um carinho, que me comovem profundamente.

São sessões que acontecem todas as quartas feiras, sob os cuidados e orientação da Dra. Zélia, e sempre fazem com que ela retorne mais alegre e animada.

Na verdade, consideradas todas as dificuldades que normalmente são enfrentadas por quem acompanha um ser querido como é a minha Cristina, no decorrer de uma doença tão deprimente, que nos traz tanta tristeza, e nos provoca tanta revolta, é um grande alento encontrar tantos "anjos-da-guarda", para nos ajudarem a carregar tão pesado fardo.

2018 – Primeiro ano no Recife

Nosso primeiro ano no Recife, foi um período de adaptação a nova vida.

Passei a ser o responsável por administrar e orientar empregados, que por serem novos, desconheciam os nossos hábitos, abastecer a casa em todos os sentidos, e a ter sob controle as idas aos médicos, a preocupação em manter sempre disponíveis os medicamentos e a cumprir todas as rotinas normais do dia-a-dia.

Tentei junto a amigos, encontrar suporte para desenvolvimento de projetos nas minhas áreas de conhecimento, mas infelizmente como já me havia dito meu irmão Tarcísio, percebi que as coisas por aqui são bastante diferentes do que acontece no Rio e em São Paulo.

A verdade é que por outro lado, estava tomado de uma tamanha tristeza e desalento, que meu ânimo praticamente não existia e, tendo ainda por cima que me esforçar, para conseguir que Cristina se adaptasse a nova casa e a nova vida, terminei por preferir deixar tudo de lado, e me dedicar totalmente a ela.

Assim, resumi minhas saídas a idas aos médicos, dentistas, laboratórios para realização de exames, e idas a supermercados para as compras das necessidades comuns de uma casa. Minha rotina, antes agitada e sempre cheia de novidades, transformou-se em cumprimento de tarefas repetitivas e nada estimulantes, para quem teve uma vida como a minha.

Vez por outra vamos até o shopping, coisa muito rápida pelo medo que eu tinha de que ela precisasse ir ao toalete, sozinha, sem que eu pudesse acompanhá-la.

Nas vezes em que isto aconteceu, ficava aguardando na porta do banheiro feminino, ansioso e preocupado, pois não tinha certeza se ela conseguiria atender as suas necessidades, e se higienizar posteriormente de maneira adequada. Depois me convenci que só com a companhia da cuidadora, esses passeios seriam possíveis.

Com o meu primo Zé Maria e Anne, sua mulher, ou Neves irmã de Cristina, gostamos de ir a cidades do interior, para um simples passeio, ou para apreciarmos o trabalho de artesãos, e também para conhecermos novos restaurantes, e saborearmos a boa comida preparada nesses lugares, simples, mas sempre limpos e com ambientes agradáveis. Diniz e Alyda também se juntam a nós, nestas incursões pela cultura e gastronomia nordestinas.

Tracunhaém, Caruaru, Gravatá, Igarassu, Itapissuma, etc., são algumas dessas cidades, onde vamos vez por outra, para nos deliciarmos com as comidas típicas e as manifestações dos artistas populares.

Quando ficamos no Recife, nosso passeio mais comum é à Olinda, circular pela Cidade Alta, passar pelas ruas estreitas, apreciar as Igrejas, nunca deixando de ir à do Convento de São Francisco, onde nos casamos. No final, quando não vamos a restaurantes, nosso programa é comer uma tapioca e tomar uma água de coco, no alto da Sé, apreciando a linda vista do Recife.

Durante o máximo de tempo que pude, resisti em termos uma cuidadora nos finais de semana, pois achava que eu mesmo conseguiria dar conta de atender a todas as suas necessidades, e acompanhar sempre de perto as suas movimentações, mesmo dentro de casa.

No entanto, após muita insistência do Pedro, de parentes e dos amigos, terminei cedendo, pois reconheço que já não mais tenho condições emocionais, e muito menos físicas de me encarregar sozinho, de fornecer toda a atenção, de que ela necessita.

Antes disso, todo o trabalho de lhe dar o banho, vesti-la, calçá-la, acompanhá-la nas necessidades, e preparar o seu café e outras refeições era assumido por mim, resultando em um outro exercício de paciência e carinho, para explicar-lhe o porquê de cada coisa, e fazê-la cumprir cada etapa da preparação.

À noite, mais uma vez, ficava ao meu encargo, alimentá-la, prepará-la para dormir, colocá-la na cama e ficar ao seu lado, até que ela adormecesse.

Só depois disso eu podia finalmente me ocupar de mim mesmo, às vezes só jantando depois que ela, de fato entrava em sono profundo, para que eu pudesse sair da cama, e ir preparar alguma coisa para comer.

Com o tempo, fui me convencendo de que este tipo de papel, deveria ser exercido por uma plantonista e, a partir de conseguirmos uma pessoa para essa função, ficou possível pra mim, conseguir descansar.

Hoje, estou plenamente convencido de que foi um acerto, a contratação dessa plantonista, que vem todos os fins de semana, pois sua presença me permite ter alguma liberdade, dar uma caída na piscina ou me reunir com amigos do prédio onde moramos para um churrasco. Em muitas ocasiões inclusive, quando ela demonstra interesse, me acompanha nessas reuniões e demonstra ficar muito feliz com isso.

O Pedro, durante esse primeiro ano, veio muito ao Recife, às vezes apenas para passar o fim de semana, e isso nos fez muito bem e nos deixava muito felizes. Por outro lado, a presença dele significava a proximidade do nosso filho, e alguém com quem eu posso compartilhar todas as minhas dúvidas e ansiedades.

Passei inclusive, a só sair para jantar em restaurantes, nas ocasiões em que o Pedro vem, às vezes trazendo consigo a Ana Leticia, pois ir só com Cristina é algo complicado e representa um gasto sem qualquer compensação, de vez que ela não demonstra mais nenhum prazer em fazermos isso.

Devido aos efeitos da doença, além de não mais apreciar comidas ou bebidas, o tempo necessário para a preparação dos pratos traz a ela uma enorme ansiedade, fazendo com que se levante da mesa, às vezes sequer completando a sua refeição, e me impedindo também de concluir a minha.

Em algumas ocasiões, tentando resolver esse problema, levei conosco a empregada, mas Cristina visivelmente não aprovava a ideia, e chegou mesmo a me dizer, ao jeito dela, que não queria mais que isso acontecesse.

Terminei por eliminar quase que totalmente, um programa que sempre gostávamos de fazer, mas que agora representava um incomodo para ela e uma frustração pra mim.

Procurei então aprimorar as minhas habilidades gastronômicas, elaborando pratos sofisticados, e fazendo a sua harmonização com vinhos e cervejas. Para alegrar ainda mais os nossos encontros, agregamos a música, com todos cantando e dançando, ou ao som de um "karaokê", ou com a vinda de um tecladista para nos acompanhar.

Durante um bom tempo, esses almoços aconteceram com muita frequência, com um comparecimento amplo de convidados, mas à medida que o tempo foi passando, cada um foi assumindo outras obrigações e hoje, apesar de não haverem sido completamente extintos, tornaram-se bem menos frequentes. Compreendo que cada um, deseja ter também seus programas com outros amigos, não ficando restritos apenas a nós.

Hoje, de forma mais espaçada, ainda continuo a promover reuniões em nossa casa, sempre durante o dia, o que também dificulta o comparecimento de alguns, em muitas ocasiões, pois todos têm suas obrigações, mas infelizmente à noite, tanto ela fica logo cansada, como as empregadas não estão mais presentes, o que resulta em um trabalho muito exaustivo, para ser feito só por mim.

Graças a isso, restringi a frequência com que convido as pessoas, com muita frequência para nossa casa, sendo exceção a isso apenas os muito próximos como Alyda, Diniz, nossos amigos, Tarcisio, meu irmão e Neves, sendo que Neves também gosta de promover encontros em sua casa, aos quais sempre comparecemos.

    Passei por outro lado, a conviver mais frequentemente com os novos amigos que fiz no nosso prédio, que gostam muito de se reunir para churrascos em um ambiente ao lado da piscina, que possui uma boa estrutura para esses encontros, levando algumas vezes pratos que eu mesmo preparo e dos quais, todos dizem gostar muito.

2018 – Música como terapia

Em meados de 2018, Neves chegou com uma novidade, da qual acreditava que a Cristina iria gostar e que achei muito interessante. Ela havia entrado em uma escola de música, pois desejava cantar, e na escola havia professores de teclado, violão etc.

Propôs então passar a levar a Cristina com ela, para fazer "aulas" de teclado, e tentar fazer com que ela encontrasse na música, novas maneiras de se alegrar e ficar feliz.

Na verdade, as "aulas" de teclado, são apenas exercícios usando o instrumento, onde a Bruna, uma moça muito delicada que é a professora, toca musiquinhas e que juntas, ela e Cristina, ficam cantando. Ela gosta e se alegra muito com esses momentos, voltando das "aulas" muito feliz.

A coisa evoluiu de tal forma, que até eu me animei e comecei a ter aulas de violão, recuperando um pouco do que fazia com o instrumento nos anos da minha adolescência. Depois, também comecei a ter aulas de canto e tenho gostado bastante dos resultados que venho alcançando.

Cristina, quando criança, segundo todos os que a conheceram, chegou a tocar muito bem o piano, participando de audições e executando peças importantes de diversos compositores clássicos.

Com o tempo, abandonou seus estudos e perdeu muito das técnicas que havia adquirido, terminando por abandonar definitivamente o instrumento.

Já depois de casados, por diversas ocasiões eu tentei incentivá-la a retomar os estudos, me comprometendo inclusive a comprar um novo piano para ela, pois sempre tive vontade de tocar esse instrumento, que considero um dos mais bonitos e completos, mas nunca fui adiante com essa ideia. Isso, no entanto, foi algo que ela nunca aceitou.

De qualquer forma, mesmo sem ter uma participação ativa nas aulas, tem sido para ela uma ótima terapia o reencontro com a música, não só na escola e nas "aulas", mas nas ocasiões em que, em casa, coloco músicas para que ela escute, ou então eu mesmo canto para ela.

2019 – Solidão acompanhada

Hoje, é cada vez maior a solidão em que vivo.

Não posso deixar de reconhecer o enorme suporte e atenção que recebo de Neves, e mesmo de João, que à sua maneira, mostra sempre interesse e preocupação conosco.

Não posso me furtar, em agradecer ao meu irmão Tarcisio e a Ângela, sua mulher, por sempre que podem, nos visitarem e compartilharem bons momentos conosco.

Não posso esquecer Zé e Ane, Carlos e Tatiana, Angela, Luciana, Paulinho, Carol, Luiza e Aninha, que em suas diferentes maneiras de nos demonstrar amizade e carinho, vez por outra nos visitam.

Lembro também do apoio de todos os nossos queridos sobrinhos e sobrinhas e suas companheiras e companheiros, que mesmo tendo as suas próprias preocupações com a vida, e com suas jovens famílias, marcam suas presenças junto a nós, muitas vezes nos trazendo a alegria da presença dos seus pequenos. Nossos queridos sobrinhos netos: Camilinha, Nati, Joãozinho, Joaquim e Arthur.

Não posso deixar de lembrar a grande amizade e carinho que nos dedicam Diniz e Alyda, amigos de longa data, que mantemos perto até hoje, e que são, além de Neves, os mais constantes em estar conosco.

Não quero ser ingrato e deixar de reconhecer que tive a sorte e a felicidade de encontrar novos e bons amigos em Recife, como o Luciano e a Helena, o Aloysio (Lula) e a Maria Silvia, o Augusto e a Luciana, o Danilo e a Daniela (que em várias ocasiões, como já falei, se interessou em me ajudar, aconselhando-me, e me indicando médicos e terapeutas para que eu levasse a Cristina), o Ricardo e a Fabiane, o André, o Leandro, o Daniel o Quinho, suas esposas e tantos outros, com quem passei a conviver frequentemente, em momentos agradáveis e alegres, sempre acompanhados por boa comida e boa bebida.

Eles contribuem enormemente para que eu relaxe por alguns instantes, e diminuem o peso insuportável que representa a solidão em minha vida, tendo apenas a presença física da Cristina ao meu lado, mas infelizmente sem poder dividir com ela qualquer dos meus sentimentos.

Também ressalto por parte de todos, a enorme delicadeza, carinho e atenção, com que sempre tratam a Cristina, nos dias em que ela se dispõe a participar conosco das nossas conversas e encontros.

Não posso ser injusto e deixar de lembrar a enorme carga de alegria e energia, que me trazem os pequenos Guto, Manu, Daniel, Danilinho, essas crianças lindas, queridas e que em sua espontaneidade e inocência preenchem um pouco do vazio em que, muitas vezes me encontro.

Mas mesmo com todas essas demonstrações de solidariedade e amizade, quando à noite me encontro a sós junto a ela na cama, muitas vezes não consigo evitar as lágrimas que derramo em silêncio, olhando aquela que foi durante tantos anos a minha mulher, e o meu esteio na vida, e que hoje se encontra transformada em uma inocente menina, indefesa e frágil, totalmente entregue aos meus cuidados.

Não tem sido raras as vezes em que me pergunto para o que serve a vida nessas condições, que razões tenho para continuar a viver, quais os motivos que tenho para continuar lutando, e buscando me manter firme, para não sucumbir totalmente ao desespero e a tristeza?

De repente, percebo que a resposta está ali, ao meu lado, na minha Cristina, na pessoa que amo e que precisa de mim, para continuar a viver, mesmo sendo essa presença ausente, provocada pelas condições em que se encontra, e a quem preciso continuar a proporcionar momentos de felicidade e alegria, mesmo que curtos e efêmeros.

Percebo que não devo e não posso fraquejar. Que é minha e de mais ninguém, mais uma vez, a total responsabilidade por garantir a manutenção da sua, mesmo pouca felicidade, da mesma forma que passou a ser, naquele dia chuvoso de julho de 1974, quando nos comprometemos a estar juntos "na alegria e na tristeza, na saúde e na doença" e quando, em seus olhos percebi que ela dizia "cuida de mim, meu amor".

Da mesma maneira que me senti, no dia em que ela me acompanhou, e renunciou a convivência da sua família e dos seus amigos e, até mesmo ao seu futuro profissional, para seguir comigo para um mundo novo e distinto de tudo o que conhecíamos.

Da mesma maneira que descobri que para mim, ser feliz é vê-la feliz, é ver seu sorriso, é perceber que ela está segura, tranquila, serena, o que hoje, mesmo sendo cada dia mais difícil de conseguir, continua a ser minha maior missão e recompensa.

2019 – O que realmente importa

Nesses dias de abril de 2019, completam-se dois anos, que voltamos a viver no Recife, e cinco/seis anos que Cristina começou a apresentar, os primeiros sinais da doença.

Infelizmente, nos últimos tempos, tenho notado que ela vem perdendo o pouco de energia que ainda lhe restava. Suas reações são cada vez menos expressivas, seus movimentos estão mais lentos, e são poucos os momentos em que sorri, ou externa alguma alegria.

De qualquer forma, passado esse tempo, nossa vida encontra-se de certa forma estabilizada, dentro dos limites possíveis, o que me permite dar início a uma tentativa de retomar aos poucos, as minhas atividades profissionais.

Tenho feito alguns contatos com pessoas que conheço, e que conhecem bem o meu histórico de trabalho, e ao que tudo indica, dentro de pouco tempo voltarei, mesmo que de maneira limitada, a exercer algumas atividades.

No entanto, a responsabilidade me indica que, preciso continuar concentrando minha atenção em protegê-la, e garantir as melhores condições de vida para ela.

Jamais poderei esquecer, de que é ela que realmente importa. É a ela que preciso continuar a dedicar minha primeira e mais completa atenção. É para seu bem-estar que continuarei a prioritariamente, dedicar todos os meus esforços.

Nada me importa mais que a sua pouca felicidade, o seu conforto, a sua tranquilidade e a sua alegria efêmera. Nada me recompensa mais que o seu sorriso.

Não há para mim nenhum objetivo mais importante a ser

perseguido, que proporcionar tudo o que esteja ao meu alcance, para garantir o máximo, de que ela seja capaz de usufruir.

Minha vida continuará sempre a ser uma parcela da vida que ela vive, minha alegria fluirá da alegria que ela sente, minha felicidade será sempre uma consequência da sua felicidade.

É assim que quero terminar de viver os meus dias. Com ela, por ela e para ela.

Sinais de alerta, dicas e cuidados práticos

Minha intenção neste final do livro, não é de forma alguma a de substituir ou mesmo suprir as orientações que devem ser fornecidas por médicos, psicólogos, psiquiatras ou qualquer outro profissional especializado.

Tento apenas, a partir da minha própria experiência, e de leituras de artigos e consultas a livros e meios de informação, oferecer a pessoas que como eu, cuidam dos seus entes queridos, alguns alertas, dicas e cuidados, para que possam identificar mais precocemente os sinais de doenças dessa espécie.

Dessa forma lhes será possível antecipar-se aos fatos, buscar em prazo mais curto o auxílio de profissionais competentes, minimizar riscos e sofrimentos e, dentro do possível, tornar mais feliz, o seu ser amado, através de toda a dedicação, carinho e amor que lhes possam entregar.

Por favor, não estranhem ou considerem insensibilidade de minha parte, indicar alguns procedimentos práticos, que precisarão ser tomados. Eles têm como objetivo, assegurar proteção ao seu ser amado, a você e a todos da sua família.

Para facilitar a redação, passo a partir de agora a denominar como o ser amado, aquele ou aquela que necessita receber nossa atenção, nossos cuidados e, principalmente todo o nosso amor.

Jaime Xavier
O autor Maio de 2019

Os sinais

De acordo com médicos especializados e entidades voltadas a fornecer apoio aos responsáveis, por pessoas portadoras do mal de Alzheimer, alguns sinais se manifestam como primeiros sintomas da doença, sendo necessária a partir desse momento, a busca imediata de auxílio médico, para que se possa iniciar, os cuidados aconselhados para o caso, com o máximo de brevidade possível.

Não é que isso, vá trazer alguma esperança de cura ou reversão do quadro, mas certamente servirá para um melhor conhecimento da doença, e para encontrar formas que ajudem, a reduzir o desconforto e melhorar a qualidade de vida, tanto do seu ser amado, quanto daqueles que o acompanham.

Assim sendo, jamais desprezar sinais de alerta, que possam indicar o inicio da deterioração, das funções cerebrais de um ser amado, nem imagine que isso só possa vir a acontecer, com pessoas de idade mais avançada.

No caso específico da Cristina, minha querida mulher, os primeiros fatos que denunciaram que algo não estava bem, começaram a acontecer quando ela ainda não havia completado os 64 anos.

Esteja atento, se alguém querido e próximo a você, manifestar os seguintes sinais de alerta:

§§ Dificuldade frequente, para lembrar acontecimentos recentes. Algo que aconteceu há poucas horas ou no dia anterior.

§§ Perguntar repetidamente a mesma coisa.

§§ Dificuldade para conversar, recusar-se a participar de reuniões e encontros, dificuldade para acompanhar o pensamento dos outros.

§§ Impossibilidade de encontrar soluções para questões simples, precisando recorrer a outras pessoas, para que lhe digam o que fazer.

§§ Dificuldade para localizar-se e/ou para encontrar o caminho de casa.

§§ Esquecer objetos que comprou nas próprias lojas, ou em outros lugares onde tenha ido.

§§ Esquecer compras nos meios de transporte, como táxis, ônibus, metrô, etc.

§§ Esquecer senhas de cartões de crédito, de bancos e outros serviços.

§§ Perder objetos, esquecer de cumprir obrigações sob sua responsabilidade, como fazer pagamentos, esquecer consultas e compromissos agendados, sejam eles profissionais ou com amigos.

§§ Dificuldade para se expressar, para dizer o que sente, e falar sobre assuntos de seu interesse.

§§ Irritar-se com facilidade, desconfiar de pessoas (é bastante comum a suspeita sobre atitudes de empregados da casa), tomar atitudes agressivas, que não sejam comuns ao seu comportamento.

§§ Querer se isolar, evitar convivência, assumir uma atitude passiva e não esboçar uma reação aceitável diante de fatos, onde isso seja naturalmente esperado.

Lembro claramente, das noites em que Cristina me acordou, exigindo que eu abrisse o cofre, para que ela pudesse conferir suas joias, pois estava certa de que a nossa empregada, uma pessoa da nossa total confiança, as havia furtado, o que evidentemente não havia acontecido, o que lhe provocava reações de choro e arrependimento.

Esse mesmo tipo de desconfiança ela manifestou várias vezes em relação a roupas, cremes, batons, perfumes etc., com as mesmas reações, após encontrados os objetos.

Diante de qualquer hesitação de minha parte, em atender a esse tipo de solicitações, partia para agressões verbais, gritando uma série de impropérios, e no extremo, em algumas vezes, jogando objetos sobre mim.

Nessas horas costumava dizer, que eu considerava a empregada mais importante que ela, que era a empregada que mandava na nossa casa, e que ela não era mais nada. Nessas ocasiões chorava copiosamente, só se acalmando depois de muito carinho e conversas, no sentido de convencê-la que, ela sim era a dona, e a pessoa mais importante da casa.

No dia seguinte a estas crises de desconfiança, no entanto, parecia que nada havia acontecido, um indicativo de que algo não andava bem, e de que era preciso buscar ajuda.

Esse foi um erro que cometi e, mesmo não acreditando que uma atitude diferente da que eu tomei, pudesse vir a evitar o que por fim aconteceu, me arrependo muito, de não haver enxergado algo de estranho naquele comportamento e buscar imediatamente por ajuda.

Dicas e cuidados práticos

§§ Esteja sempre atento aos primeiros sinais da doença.

§§ Não tome como coisa normal, o esquecimento de questões relevantes como pagar contas, perder objetos comprados, apresentar manias de perseguição, desconfiar de todos, e/ou exigir a presença de alguém por todo o tempo, demonstrando uma grande e constante insegurança.

§§ Quando verificar a ocorrência frequente de fatos dessa natureza, recorra imediatamente a um médico, preferencialmente um neurologista, que possa avaliar adequadamente o significado desses sintomas.

§§ Entenda sempre que o ser amado, nas fases iniciais da doença resiste e teme aceitar que isso esteja acontecendo com ele, e se recusa a ir a médicos e/ou abandonar atividades comuns como dirigir, sair só, manter o controle de cartões de crédito, e outros mecanismos de acesso, a contas bancarias ou investimentos.

§§ Encontre formas cuidadosas e delicadas para fazer com que essas providências se concretizem, encontrando desculpas razoáveis e evitando magoar o ser amado.

§§ Não esqueça de que pessoas más sempre estarão prontas a perceber e se aproveitar de oportunidades, em que possam praticar crimes, a partir do momento em que identifiquem fraquezas e falta de controle, por parte do ser amado, a quem decidem prejudicar.

§§ Jamais permita que o ser amado saia desacompanhado. A possibilidade de se perder, e não mais encontrar o caminho do retorno a casa é concreta.

§§ Após constatada a doença, dedique especial atenção ao momento do banho, e a ocasião da satisfação das suas necessidades, estando sempre próximo e, se possível, dentro do banheiro. Esteja atento para o acompanhamento dessas questões, também durante a madrugada.

§§ Com o avançar da doença, você precisará identificar os momentos nos quais o ser amado, precisará satisfazer suas necessidades fisiológicas. Ele terá dificuldade em se expressar sobre isso, portanto se antecipe e pergunte, de forma que ele compreenda o que você está querendo saber. Por exemplo, pergunte se o ser amado deseja fazer "xixi" ou "cocô", ou use as palavras que costuma utilizar, para indicar essas necessidades.

§§ Programe os dias para os banhos, e para as ocasiões em que irá lavar a cabeça no banho. Principalmente no caso de mulheres, nunca deixe que permaneça com os cabelos molhados. Utilize um secador, ou enxugue-os bem com uma toalha. Não fazer isso poderá provocar gripes ou resfriados.

§§ Consulte um advogado e/ou vá a um cartório, e elabore um conjunto de procurações que lhe confiram plenos poderes, para venda e cessão de patrimônio, levantamento de fundos e recursos bancários etc., enquanto o ser amado tem alguma lucidez e ainda consegue assinar.

§§ Tenha certeza de que isso, mais dia menos dia será necessário, pois com o passar do tempo o ser amado não conseguirá mais assinar nenhum documento.

§§ Encontre uma forma de dividir, com um ou mais parentes ou mesmo profissionais, os cuidados e o acompanhamento do ser amado. Não se iluda, você não será capaz de assumir sozinho essa tarefa, e precisará dessa ajuda, mais cedo ou mais tarde.

§§ Lembre-se que por melhores, mais bondosas e mais atenciosas que outras pessoas possam parecer, elas não são você, e jamais poderão substituir o seu amor, e o seu carinho no trato com o ser amado.

§§ Visite seu próprio médico e procure com ele, conselhos para enfrentar a situação, principalmente no que se refere a medicamentos, que lhe permitam ter um maior autocontrole, e reagir com tranquilidade, paciência e delicadeza às situações que virão a se apresentar.

§§ Tente dar ao ser amado, claro que sem descuidar da atenção médica, e da manutenção rigorosa do controle da ingestão diária dos medicamentos, condições de vida saudáveis e agradáveis.

§§ Acompanhe os momentos de ingestão dos medicamentos. Há ocasiões em que o ser amado, sem qualquer razão os cospe fora. Procure estar presente nesta ocasião, para evitar que isso aconteça.

§§ Prepare uma caixinha com compartimentos, para separar cada um dos medicamentos a serem tomados, de acordo com o horário em que isso deve acontecer. Abasteça pessoalmente essa caixinha, para evitar enganos, e para verificar as necessidades de compra dos medicamentos.

§§ Faça com que o ser amado frequente regularmente, aulas de música, ouça canções, cante, dance, brinque, sorria e, se possível faça exercícios e caminhadas ao ar livre, sempre acompanhado por você ou por um profissional. Dê ao seu ambiente doméstico, uma aura de constante alegria e felicidade, integrando todos os empregados da casa, aos cuidados e atenção que ela (e), precisa e deve receber.

§§ Evite trocar móveis, quadros e/ou objetos de lugar. Isso faz com que o ser amado passe a não reconhecer o ambiente o que lhe provoca angústia e insegurança.

§§ Nunca conteste abertamente um comentário feito pelo ser amado. Isso vai provocar constrangimento, e uma exposição da sua perda de memória. Reafirme sempre o que ela (e) diga, mesmo que depois, sem a sua presença, esclareça a situação junto aos demais.

§§ Evite que o ser amado aborde ou seja abordado por estranhos (garçons, atendentes, secretárias, etc,). Isso fará com que não entendendo o que se passa em um primeiro momento, esse estranho, insista em perguntas e em esclarecimentos que o ser amado, não saberá dar, provocando constrangimentos e retraindo ainda mais o seu, do contato com outras pessoas, por medo e insegurança.

§§ Saiba suportar os momentos mais difíceis. Acostume-se a dormir mal, se o fizer no mesmo quarto e na mesma cama do ser amado, pelos movimentos (espasmos), e ruídos involuntários que acontecem à noite.

§§ Você também deve estar atento, sempre que o ser amado, deseje fazer suas necessidades, e deverá acompanha-lo, permanecer com ele durante o tempo necessário, trazê-lo de volta e acomodá-lo novamente na cama.

§§ Também esteja preparado para enfrentar crises de insônia e ansiedade, que surgem sem que se espere, e sem qualquer explicação. Serão noites inteiras acordado, sem pregar os olhos, em que serão testadas ao limite, toda a sua paciência e carinho.

§§ Não discuta ou estabeleça polêmicas com outras pessoas em frente ao ser amado. Ele tende a não compreender o que está se passando, e se tornar inseguro. Achará que está acontecendo uma briga e isso lhe traz enorme insegurança e preocupação.

§§ Da mesma forma, evite a todo o custo que ela (e) permaneça em um ambiente, onde haja discussões e disputas, mesmo que ninguém próximo a ela(e) esteja envolvido e também, procure evitar a presença do ser amado em locais onde haja ruídos e sons muito altos.

§§ Esteja sempre presente, acompanhando o ser amado, nas consultas aos médicos. Ela (e) precisa de você ao seu lado para se sentir segura(o) e se deixar examinar adequadamente.

§§ Da mesma forma, acompanhe o ser amado, por ocasião de exames de quaisquer naturezas (tomografias, raios X etc.)

§§ Destine ao ser amado, os melhores, mais amplos e seguros aposentos disponíveis na casa. O ideal é que o quarto a ser ocupado pelo ser

DICAS E CUIDADOS PRÁTICOS

amado, seja uma suíte, com banheiro integrado.

§§ De qualquer maneira, sendo ou não uma suíte, cubra o piso do quarto do ser amado, com tapetes e carpetes, devidamente afixados, que reduzam a possibilidade de escorregões e quedas indesejáveis.

§§ Equipe o banheiro utilizado pelo ser amado, com chuveiro de mão, para tornar mais fácil e confortável, o seu banho a sua higiene.

§§ Também fixe junto ao vaso sanitário e no interior do box, suportes firmes para que o ser amado possa sempre que necessário, se apoiar.

§§ Instale no box e no piso do banheiro, tapetes de borracha, também para evitar escorregões, pois o piso húmido, representa um enorme risco para o ser amado.

§§ Saiba que uma das grandes dificuldades que encontrará, é entender os sinais que serão dados pelo ser amado, indicando quando sentem dor, quando desejam comer, beber, urinar ou evacuar. Fique muito atento a essas necessidades para antecipar-se a elas e não permitir que aconteçam situações constrangedoras.

§§ Passe a utilizar no ser amado, mesmo que a principio haja alguma resistência por parte dela (e), fraldas descartáveis. Isso evitará surpresas e constrangimentos desnecessários.

§§ Evite que o ser amado use sapatos com saltos altos, ou solados de couro. Substitua este tipo de calçado, por sapatos de salto bem baixo ou mesmo sem salto e solados de borracha.

§§ Nos automóveis mantenha as portas do lado do ser amado, travadas por dentro, ou evite que ela (e) ocupem lugar nas janelas. Não deixe sob nenhuma hipótese, de utilizar cintos de segurança no ser amado.

§§ Avise a todas as pessoas que tenham contato e que acompanhem o ser amado, em qualquer circunstância sem a sua presença, sobre os cuidados a serem tomados, em relação a tudo o que está acima relatado.

§§ Em caso de viagens do ser amado, sem a sua participação, escreva todas as observações e cuidados a serem seguidos, como horários de remédios, tipo e horário de alimentação, momentos de descanso, cuidados com movimentações, limites para passeios e esforços físicos etc.

§§ Caso não se sinta absolutamente seguro, em relação a atenção e ao respeito rígido às orientações, por parte da pessoa que irá acompanhar o ser amado, não permita a saída ou a viagem.

§§ Esteja atento ao tipo de alimentação do ser amado, procurando perceber o que ela (e) mais gosta, oferecendo-lhe refeições leves, variadas e em quantidades que a (o) satisfaçam, sem exageros. É melhor que se ofereçam porções menores, mais vezes ao dia.

§§ Procure sempre oferecer-lhe frutas frescas, de acordo com as safras, pelo menos duas vezes ao dia. No café da manhã e no lanche à tarde.

§§ Mantenha-a (o) sempre bem hidratado com sucos naturais, de preferencia puros sem açúcar, água e/ou agua de coco. Evite refrigerantes e sucos artificiais.

§§ Evite o excesso de doces, chocolates e outras guloseimas, mesmo que o ser amado não seja diabética (o). Prefira oferecer-lhe frutas frescas nas sobremesas e no lanche.

§§ Acompanhe cuidadosamente a regularidade do intestino do ser amado. Verifique se ele consegue evacuar com a frequência adequada e caso isso não aconteça, converse com o médico para que ele aconselhe a melhor solução.

§§ Prefira oferecer chás de ervas de efeito tranquilizantes, a oferecer café ao ser amado, particularmente nas horas próximas ao sono.

§§ Nunca permita que o ser amado desça escadas desacompanhada (o).

§§ Jamais vá a um local público (shoppings, feiras, festas populares etc) com o ser amado, sem contar com a presença do acompanhante, de um parente ou de um amigo, para auxilia-lo, caso necessite ir ao toillete.

§§ Nunca confie em pessoas estranhas para acompanhar o ser amado nessas situações. Ninguém sabe o nível da maldade de que é capaz o ser humano, diante de alguém totalmente indefesa (o).

§§ Jamais, em nenhuma circunstância, deixe de segurar constantemente, a mão do seu ser amado, quando for a locais públicos, como feiras, supermercados, shoppings, enfim, qualquer lugar onde haja risco dela (e) se afastar de você em um momento de distração e se perder.

§§ Não coloque joias ou peças valiosas ser amado como enfeites para o seu ser amado, mesmo em festas ou visitas a pessoas conhecidas, amigos e parentes. Certamente há o risco dessas joias ou peças serem perdidas ou até mesmo roubadas, causando perdas desnecessárias.

§§ Abrace e beije constantemente o seu ser amado. Tente sempre demonstrar-lhe carinho, mas respeite os limites dados por ela (e).

§§ Os passeios de automóvel, sem precisar descer, sempre divertem e alegram bastante o ser amado. Proporcione com a máxima frequência esse tipo de distração.

§§ Prefira automóveis mais altos para uso do ser amado. Os carros de piso muito baixo dificultam a sua entrada e saída.

§§ Consulte regularmente um dentista, para avaliação e manutenção das condições da saúde bucal do ser amado.

2019 – O final, até agora

Encerro aqui o relato desta parte da minha vida, após os primeiros "sinais de alerta" e em seguida a peregrinação a médicos e profissionais especializados, para finalmente recebemos o diagnóstico que condenava a minha mulher, a viver a partir dalí, em um mundo impenetrável e cheio de ser amado mistérios.

Nestas páginas, procurei sintetizar nossa convivência, durante os anos felizes desde que nos encontramos, e decidimos nos unir para todo o sempre, enquanto durarem as nossas existências.

Nas linhas que escrevi, falei dos risos e das lágrimas que tomaram o meu rosto, quando vivemos momentos, de uma alegria que parecia infinita, e quando passei a viver momentos de uma tristeza, que só com a minha morte irá acabar.

Espero que entendam por tudo o que lhes contei até agora, que existe sim felicidade, mas que, a qualquer momento podemos ser lançados pela vida, em um mar de infortúnio e tristeza, que não conseguimos evitar, qualquer que seja o esforço que venhamos a fazer e qualquer que seja o poder que imaginemos ter.

Desejo que saibam, que durante muitos anos de nossas vidas, nos satisfizemos em nós mesmos, nos suprimos de amor, carinho e bem querer. Nos alimentamos dos melhores sentimentos.

Nosso amor foi e continua a ser, sempre muito maior que qualquer dificuldade, ajudando-nos a superar todos os momentos de incerteza que vivemos, todos as situações em que parecia que íamos desmoronar, todos os obstáculos que se afiguravam intransponíveis.

Fomos dois em um, e continuamos sendo dois em apenas um, com a diferença de que este, está de fato só.

Amo a minha mulher, hoje muito mais do que ontem, mas certamente, muito menos do que amarei amanhã.

Com muita tristeza, e tomado por desesperança,

Jaime Xavier
O autor Maio de 2019

Esse livro foi impresso pela gráfica PSI7 em papel Pólen Soft 70g, utilizando as fontes EB Garamond e Raleway.